丛书主编　郑毅

吉林纪略·三
大中华吉林省地理志

清·林传甲　初纂
杨立新　整理

吉林文史出版社

图书在版编目（CIP）数据

吉林纪略. 三, 大中华吉林省地理志 / (清) 林传甲
初纂; 杨立新整理. -- 长春 : 吉林文史出版社,
2021.1
（长白文库）
ISBN 978-7-5472-7576-4

Ⅰ.①吉… Ⅱ.①林… ②杨… Ⅲ.①地理志—吉林
Ⅳ.①K293.4

中国版本图书馆CIP数据核字(2020)第254625号

吉 林 纪 略 · 三　　大 中 华 吉 林 省 地 理 志
JILIN JILÜE SAN DAZHONGHUA JILINSHENG DILIZHI

出 品 人：张　强
初　　　纂：（清）林传甲
整　　　理：杨立新
丛书主编：郑　毅
本版校注：赵太和
责任编辑：程　明　高丹丹
装帧设计：尤　蕾
出版发行：吉林文史出版社有限责任公司
电　　话：0431-81629369
地　　址：长春市福祉大路出版集团A座
邮　　编：130117
网　　址：www.jlws.com.cn
印　　刷：吉林省优视印务有限公司
开　　本：170mm×240mm　1/16
印　　张：19.75
字　　数：230千字
版　　次：2021年1月第1版　2021年1月第1次印刷
书　　号：ISBN 978-7-5472-7576-4
定　　价：188.00元

《长白文库》总序

中华优秀传统文化是中华民族的"根"和"魂",习近平总书记高度重视中华优秀传统文化,并将其作为治国理政的重要思想文化资源。"不忘本来才能开辟未来,善于继承才能更好创新。""优秀传统文化是一个国家、一个民族传承和发展的根本,如果丢掉了,就割断了精神命脉。"中华优秀传统文化具有多样性和地域性等特征,东北地域文化是多元一体的中华文化中的重要组成部分。吉林省地处东北地区中部,是中华民族世代生存融合的重要地区,素有"白山松水"之美誉,肃慎、扶余、东胡、高句丽、契丹、女真、汉族、满族、蒙古族等诸多族群自古繁衍生息于此,创造出多种极具地域特征的绚烂多姿的地方文化。为了"弘扬地方文化,开发乡邦文献",自 20 世纪 80 年代起,原吉林师范学院李澍田先生积极响应陈云同志倡导古籍整理的号召,应东北地区方志编修之急,服务于东北地方史研究的热潮,遍访国内百余家图书馆寻书求籍,审慎筛选具有代表性的著述文典 300 余种,编撰校订出版以《长白丛书》(以下简称《丛书》)为名的大型东北地方文献丛书,迄今已近 40 载。历经李澍田先生、刁书仁和郑毅两位教授三任丛书主编，数十位古籍所前辈和同人青灯黄卷、兀兀穷年，诸多省内外专家学者的鼎力支持，《丛书》迄今已共计整理出版了 110 部 5000 余万字。《丛书》以"长白"为名，"在清代中叶以来，吉林省疆域迭有变迁，而长白山钟灵毓秀，蔚然耸立，为吉林名山，从历史上看，不咸山于《山海经·大荒北经》中也有明确记录，把长白山当作吉林的象征，这是合情合理的。"（《长白丛书》初版陈连庆先生序）

1983 年吉林师范学院古籍研究所（室）成立，作为吉林省古籍整理与研究协作组常设机构和丛书的编务机构，李澍田先生出任所长。全国高校古籍整理工作委员会、吉林省教委和省财政厅都给予了该项目一定的支持。李澍田先生是《丛书》的创始人，他的学术生涯就是《丛书》的创业史。《丛书》能够在国内外学界有如此大的影响力，与李澍田先生的敬业精神和艰辛努力是分不开的。《丛书》创办之始，李澍田先生"邀集吉、长各地的中青年同志，乃至吉林的一些老同志，群策群力，分工合作"（初版陈序），寻访底本，夙兴夜寐逐字校勘，联络印刷单位、寻找合作方，因经常有生僻古字，先生不得不亲自到车间与排版工人拼字铸模；吉林文史出版社于永玉先生作为《丛书》的第一任责编，殚精竭虑地付出了很多努力，为《丛书》的完成出版做出了突出贡献；原古籍所衣兴国等诸位前辈同人在辅助李澍田先生编印《丛书》的过程中，一道解决了遇到的诸多问题、排除了诸多困难，是《丛书》草创时期的重要参与者。《丛书》自 20 世纪 80 年代出版发行以来，经历了铅字排版印刷、激光照排印刷、数字化出版等多个时期，《丛书》本身也称得上是改革开放以来中国印刷史的见证。由于《丛书》不同卷册在出版发行的不同历史时期，投入的人力、财力受当时的条件所限，每一种图书的质量都不同程度留有遗憾，且印数多则千册、少则数百册，历经数十年的流布与交换，有些图书可谓一册难求。

1994年，李澍田先生年逾花甲，功成身退，由刁书仁教授继任《丛书》主编。刁书仁教授"萧规曹随"，延续了《丛书》的出版生命，在经费拮据、古籍整理热潮消退、社会关注度降低的情况下，多方呼吁，破解困局，使得《丛书》得以继续出版，文化品牌得以保存，其功不可没。1999年原吉林师范学院、吉林医学院、吉林林学院和吉林电气化高等专科学校合并组建为北华大学，首任校长于庚蒲教授力主保留古籍所作为北华大学处级建制科研单位，使得《丛书》的学术研究成果得以延续保存。依托北华大学古籍所发展形成的专门史学科被学校确定为四个重点建设学科之一，在东北边疆史地研究、东北民族史研究方面形成了北华大学的特色与优势。

2002年，刁书仁教授调至扬州大学工作，笔者当时正担任北华大学图书馆馆长，在北华大学的委托和古籍所同人的希冀下，本人兼任古籍所所长、《丛书》主编。在北华大学的鼎力支持下，为了适应新时期形势的发展，出于拓展古籍研究所研究领域、繁荣学术文化、有利于学术交流以及人才培养工作的实际需要，原古籍研究所改建为东亚历史与文献研究中心，在保持原古籍整理与研究的学术专长的同时，中心将学术研究的视野和交流渠道拓展至东亚地域范围。同时，为努力保持《丛书》的出版规模，我们以出文献精品、重学术研究成果为工作方针，确保《丛书》学术研究成果的传承与延续。

在全方位、深层次挖掘和研究的基础上，整套《丛书》整理与研究成果斐然。《丛书》分为文献整理与东亚文化研究两大系列，内容包括史料、方志、档案、人物、诗词、满学、农学、边疆、民俗、金石、地理、专题论集 12 个子系列。《丛书》问世后得到学术界和出版界的好评,《丛书》初集中的《吉林通志》于 1987 年荣获全国古籍出版奖,三集中的《东三省政略》于 1992 年获国家新闻出版总署全国古籍整理图书奖,是当年全国地方文献中唯一获奖的图书。同年,在吉林省第二届社会科学成果评奖中,全套丛书获优秀成果二等奖,并被国家新闻出版总署列为"八五"计划重点图书。1995 年《中国东北通史》获吉林省第三届社会科学优秀成果二等奖。2005 年,《同文汇考中朝史料》获北方十五省(市、区)哲学社会科学优秀图书奖。

《丛书》的出版在社会各界引起很大反响,与当时广东出现的以岭南文献为主的《岭南丛书》并称国内两大地方文献丛书,有"北有长白,南有岭南"之誉。吉林大学金景芳教授认为"编辑《长白丛书》的贡献很大,从《辽海丛书》到《长白丛书》都证明东北并非没有文化"。著名明史学者、东北师范大学李洵教授认为:"《长白丛书》把现在已经很难得的东西整理出来,说明东北文化有很高的水准,所以丛书的意义不只在于出了几本书,更在于开发了东北的文化,这是很有意义的,现在不能再说东北没有文化了。"美国学者杜赞奇认为"以往有关东北方面的材料,利用日文资料很多。而现在中文的《长白丛书》则很有利于提高中国东北史的研究"(《长白丛书》出版十周年纪念会上的发言)。中国社会科学院边疆史地研究中心主任厉声研究员认为:"《长白丛书》已经成为一个品牌,与西北研究同列全国之首。"(1999 年 12 月在《长白丛书》工作规划会议上的发言)目前,《长白丛书》已被收藏于日本、俄罗斯、美国、德国、英国、加拿大、澳大利亚、韩国及东南亚各国多所学府和研究机构,并深受海内外史学研究者的关注。

为了更好地传承和弘扬优秀地域文化,再现《丛书》在"面向吉林,服务桑梓"方面的传统与特色，2010年前后，我与时任吉林文史出版社社长的徐潜先生就曾多次动议启动出版《长白丛书精品集》，并做了相应的前期准备工作，后因出版资助经费落实有困难而一再拖延。2020年，以十年前的动议与前期工作为基础，在吉林省省级文化发展专项资金的资助下，北华大学东亚历史与文献研究中心与吉林文史出版社共同议定以《长白丛书》为文献基础，从《丛书》已出版的图书中优选数十种具有代表性的文献图书和研究著述合编为《长白文库》加以出版。

《长白文库》是在新的历史发展时期对《长白丛书》的一种文化传承和创新，《长白丛书》仍将以推出地方文化精华和学术研究精品为目标，延续东北地域文化的文脉。

《长白文库》以《长白丛书》刊印40年来广受社会各界关注的地方文化图书为入选标准，第一期选择约30部反映吉林地域传统文化精华的图书，充分展现白山松水孕育的地域传统文化之风貌，为当代传统文化传承提供丰厚的文化滋养，是一件功在当代、利在千秋的文化盛举。

盛世兴文，文以载道。保存和延续优秀传统文化的文脉，是人文社会科学研究者的社会责任和学术使命，《长白丛书》在创立之时，就得到省内外多所高校诸多学界前辈的关注和提携，"开发乡邦文献，弘扬地方文化"成为20世纪80年代一批志同道合的老一辈学者的共同奋斗目标，没有他们当初的默默耕耘和艰辛努力，就没有今天《长白丛书》这样一个存续40年的地方文化品牌的荣耀。"独行快，众行远"，这次在组建《长白文库》编委会的过程中，受邀的各位学者都表达了对这项工作的肯定和支持，慨然应允出任编委会委员，并对《长白文库》的编辑工作提出了诸多真知灼见，这是学界同道对《丛书》多年情感的流露，也是对即将问世的《长白文库》的期许。

感谢原吉林师范学院、现北华大学 40 年来对《丛书》的投入与支持，感谢吉林文史出版社历届领导的精诚合作，感谢学界同人对《丛书》的关心与帮助！

郑　毅

谨序于北华大学东亚历史与文献研究中心

2020 年 7 月 1 日

《长白丛书》序

  吉林师范学院李澍田同志，悉心钻研历史，关心乡邦文献，于教学之余，搜罗有关吉林的书刊，上自古代，下迄辛亥，编为《长白丛书》，征序于予，辞不获命。爰缀予所知者书于简端曰：

  昔孔子有言："夏礼吾能言之，杞不足征也。殷礼吾能言之，宋不足征也。文献不足故也，足则吾能征之矣。"说者以为："文，典籍也。献，贤也。"这是因为文献与历史研究相辅相成，缺乏必要的文献，历史研究便无从措手。古代文献，如十三经、二十四史之属，久已风行海内外，家传户诵，不虞其失坠，而近代文献往往不易保存。清代学者章学诚对此曾大声疾呼，希望唤起人们的注意，于其名著《文史通义》中曾详言之。然而，保存文献并不如想象那么容易。贵远贱近，习俗移人，不以为意，随手散弃者有之。保管不善，毁于水火，遭老鼠批判者有之。而最大损失仍与政治原因有关。自清朝末叶以来，吉林困厄极矣，强邻环伺，国土日蹙，先有日、俄帝国主义战争，继有军阀割据，九一八事变后，又有敌伪十四年统治，国土沦陷，生民憔悴。在政权更迭之际，人民或不免于屠刀，图书文物更随时有遭毁弃和掠夺的命运。时至今日，清代文书档案几如凤毛麟角，九一八事变以前书刊也极为罕见。大抵有关抨击时政者最先毁弃，有关时事者则几无孑遗。欲求民国以来一份完整无缺的地方报纸已不可能，遑论其他。

  中华人民共和国成立以来，百废俱兴，文教事业空前发展。而中经十年内乱，公私图书蒙受极大损失，断简残篇难以拾掇。吉林市旧家藏书，"文革"期间遭到洗劫，损失尤重。粉碎"四人帮"后，祖国复兴，文运欣欣向荣，在拨乱反正的号召下，由陈云同志倡导，大张旗鼓，整理古籍，一反民族虚无主义积习，尊重祖国悠久文化传统，为振兴中华，提供历史借鉴。值此大好时机，李澍田同志以一片爱国爱乡的赤子之心，广泛搜求有关吉林文史图书，不辞劳苦，历访东北各图书馆，并远走京沪各地，仆仆风尘，调查访问，即书而求人，因人而求书，在短短几年时间里，得书逾千，经过仔细筛选，择其有代表性者三百种，编为《长白丛书》。盖清代中叶以来，吉林省疆域迭有变迁，而长白山钟灵毓秀，巍然耸立，为吉林名山，从历史上看，不咸山于《山海经·大荒北经》中也有明确记录，把长白山当作吉林的象征，这是合情合理的。

丛书中所收著作，以清人作品为最多，范围极其广泛，自史书、方志、游记、档案、家谱以下，又有各家别集、总集之属。为网罗散佚，在宋、辽、金以迄明代的著作之外，又以文献征存、史志辑佚、金石碑传补其不足，取精用宏，包罗万象，可以说是吉林文献的总汇。对于保存文献，具有重大贡献。

回忆酝酿编余之际，李澍田同志奔走呼号，独力支撑，在无人、无钱的条件下，邀集吉长各地的中青年同志，乃至吉林的一些老同志，群策群力，分工合作，众志成城，大业克举。在整理文献的过程中，摸索出一套先进经验，培养出一支坚强队伍。这也是有志者事竟成的一个范例。

我与李澍田同志相处有年，编订此书之际，澍田同志虚怀若谷，对于书刊的搜求、目录的选定，多次征求意见。今当是书即将问世之际，深喜乡邦文献可以不再失坠，故敢借此机会聊述所怀。殷切希望读此书者，要从祖国的悲惨往事中，培养爱祖国、爱乡土的心情，激发斗志，为"四化"多作贡献。也殷切希望读此书者能够体会到保存文献之不易，使焚琴煮鹤的蠢事不要重演。

当然，有关吉林的文献并不仅以汉文书刊为限，在清代一朝就有大量的满、蒙文的档案和图书，外又有俄、日、英、美各国的档案和专著，如能组织人力，有计划、有步骤地进行整理，提要钩玄勒成专著，先整理一部分，然后逐渐扩大，这也是不朽的盛业，李君其有意乎？

吉林　陈连庆　谨序

一九八六年五月一日

旧版前言

在"开发乡邦文献，弘扬地方文化"的旗号下，吉林师范学院古籍研究所以"长白丛书"为载体，坚持进行东北地方文献的整理研究工作。十年来"丛书"形成整理与研究两大系列，下分通史、辞书、农学、满学、民俗、史志、档案、金石、诗词、人物、边疆，以及东北亚等二十个子系列，总达 2500 万字。

吉林是"长白丛书"的根，也是我们倡导的"长白文化"的源。历年来，我们以"面向吉林，服务桑梓"为宗旨，努力开发乡邦文献，前此已出：《吉林志书》《吉林外纪》《吉林志略》《吉林通志》《吉林新志》《吉林公署政书》《吉林乡土志》《吉林地志》《鸡林旧闻录》《吉林盐政》《永吉县志》《打牲乌拉志典全书》《打牲乌拉乡土志》《永吉县乡土资料》《乌拉史略》《扈伦研究》《吉林满俗研究》《吉林纪事诗》《吉林杂咏》《鸡塞集》《松江修暇集》《吉林三杰（成多禄、宋小濂、徐鼐霖）集》《吉林农业档案》《吉林金碑》《松漠纪闻》《东巡日录》《西团山文化研究》等三十余种古籍或专著，旁及涵盖全东北的政书、通史、辞书、画册、资料、著作，已出书六十六部。以"长白丛书"百部目标衡之，目下已成书三分之二。

本书即为"长白丛书"史志系列之一，本编采辑吉林史地名著十种。地范仍以旧吉林省界为域，上起清代康熙中叶，下迄民国二十年。至此，可谓传世的吉林文献业已包览无遗。统而言之，前此所出相关诸书乃九一八事变前吉林全书之集成。今后，我们开发乡邦文献的系统工程，将深入发掘吉林将军衙门档案及民国吉林公署档案，撰写《吉林通史简编》《吉林诗词集粹》《吉林名人传记》等专著，兼及东北与东北亚对吉林的记述，预计二千年定可葳事。

鉴古知今，古为今用，我们还将涉足于吉林地情、吉林文化的研究领域，为弘扬地方文化，建设乡土文明竭尽绵薄。

本编十种，大别有三，兹分述之。

一为清代吉林史地杂著

《柳边纪略》五卷，清人杨宾撰。宾字可师，号大瓢山人，又号耕夫、小铁，浙江山阴（今绍兴）人。生于清顺治七年（1650），卒于康熙五十九年（1720）。作者十三岁时，其父杨越以浙东通海案遣戍宁古塔；当四十岁（康熙二十八年），万里冰霜出塞省亲，盘桓三月。四年后，其父亡于戍所。杨氏奔走呼号凡四百五十五天，获准迎母奉父枢归里。"回念耳目所闻见，有宜书者"，乃撰纪略，终于康熙四十六年正月定稿付梓。"其书网罗巨细，足以订史书之谬，而补版图之缺。"

《柳略》有康熙刻本、木犀轩藏清抄本、道光间刊昭代丛书本、光绪间刊仰视千七百二十九鹤斋丛书本、小方壶斋舆地丛抄本、民国间商务印书馆铅印丛书集成初编本，以及辽海丛书本，近有1985年黑龙江人民社出版龙江三纪本。本次所出以鹤斋丛书为底本，参以昭代丛书本、小方壶本及全辽备考本。订讹补遗，择善而从，不出校记，并补充作者自序。

另者，莆田林佶之全辽备考，系钞录柳略，窜易前后，冠以篇目。本编为清眉目，据以补加要目。

《宁古塔纪略》一卷，清人吴桭臣撰，桭臣字南荣，小字苏还，江苏吴江人，清康熙三年（1664）生于宁古塔。其父吴兆骞（字汉槎），以南闱科场冤案流放宁古塔二十三载，后获友人营救，得以赎还。作者自述：

"余生长边陲，入关之岁，已为成人。其中风土人情，山川名胜，悉皆谙习，颇能记忆。"吴氏据亲历目击撰成此著。《四库全书总目》有云："白山黑水之间，古来舆记，大抵得诸传闻。即近时修志乘者，秉笔之人亦未必亲至其地。"本书以当时人记当地事，难能可贵，具有极大的史料价值。

该书版本，有清道光十年长沙顾氏刊赐砚堂丛书新编（丙集）本，道光间刊吴江沈氏世楷堂刻昭代丛书本，道光二十三年琴川郑氏青玉山房刊舟车所至本，北图藏清抄本，光绪六年南清河王氏排印小方壶斋丛抄（卷三）本，光绪十七年上海著易堂铅印小方壶斋舆地丛抄本第一帙，光绪十八年顺德龙氏刻知服斋丛书本第二集，光绪间元和胡氏石印渐学庐丛书本第一集，光绪中桐庐袁氏刊渐西村舍汇刻本，光绪二十九年金匮浦氏刻皇朝藩属舆地丛书本第二集，民国间上海商务印书馆排印丛书集成初编本，凡十一种。本编采用刊刻较早的昭代丛书为底本，以渐西村舍丛刊本、知服斋丛书诸本参校互补，增加附记及序跋，渐西村舍丛刊本眉注附后。

《绝域纪略》一卷，方拱乾著。拱乾初名若策，字肃之，号坦庵，又号云麓老人，赦归后又号苏庵，安徽桐城人，生于明万历二十四年（1596），清顺治十四年，亦以丁酉科场案率全家数十口流徙宁古塔。十八年赎还，流寓扬州。康熙元年七月，据其宁古塔近千天见闻，于荷阴客舍写成本书。

本书又作《宁古塔志》，凡七目：流传、天时、土地、宫室、树畜、风俗、饮食。文简意深，弥足珍贵。

今从道光间吴江沈氏世楷堂刻昭代丛书本，参以同朝金山钱氏刻指海本整理复刊。

《吉林舆地说略》，上海图书馆所藏稿本，撰人不详，后记成于同治四年四月十五日，孤本为贵，特从附载。

按吉林舆地之书，世传枝江曹廷杰光绪中三大名著。光绪二十四年（1898），又有杨伯馨（同桂）、秦世铨（曙村）所辑之吉林舆地略二卷以及吉林舆地图说二册，此与光绪二十八年之吉林分巡道造送会典馆、国史馆清册大同小异。又与吉林通志之沿革志及舆地志有详略之别。秦序云："吉林舆地略二卷，将军咨送会典馆者也。原稿分门列表，如沿革疆域、天度、山镇、水道、乡镇、职官、驿站，条析类系，考核精确，有俾舆地，盖不必读通志全书而边徼形势如在目前矣。"本编所收，盖在其前，益形宝贵，足资考镜。

《吉林纪略》，江苏武进马冠群著;《吉林形势》，浙江义乌朱一新著，均从光绪间王锡祺所辑小方壶斋舆地丛抄，载再补编第一帙。前书列乌喇、建置、长白山及诸山、诸水、库页岛、宁古塔城、完达山、小白山、吉林峰、德林石、松花江、土门江、虎尔哈部诸目。后书专论中俄交界及交涉之危迫形势。纸短意深，合计不逾万言。

二为民国时代的吉林舆地专书

《吉林汇征》二卷七章，合肥郭熙楞撰。郭君字伽园，居官吉林，公余之暇，搜集遗文，征求细说，民国三年掇为一集，凡疆域沿革、山川支派、官兵设制、种族、风俗、金石靡不具备，于国界、国防尤为着意，并附录舆地杂志，考证精核。民国六年（1917）印行，151页，约六万五千字。

《大中华吉林省地理志》二十二篇百六十章，林传甲初纂，编者字奎腾，福建闽侯人。书成于民国十年十二月十日，吉林省教育厅编辑，吉东印刷社印刷。

林子职掌龙沙教育十年，南归京师任大中华地理志总纂。民国七年七月七日，吉林省教育会长王伯康约林游吉，倡编吉林志。八年八月八日，吉林一师吴宪之校长复邀来吉，十年十月十日，脱稿。

该书博收约取，信而有征，采辑调查，务求翔实，"体例适而文失于略"。

《增订吉林地理纪要》上下二卷，武进魏声和撰，民国二十年（1931）吉东印刷社铅印。线装二册，160页，约四万字。

魏君劭卿，曾侍曹廷杰讲席，尝任吉长报社撰述，夙研东北地理，究心掌故。民国二年尝撰《吉林地志》及《鸡林旧闻录》二书，民国七年曾成《吉林地理纪要》一书。自知前著未洽，复加搜讨记述，辑录时贤高论，掇拾官署档案，引用名家之言，芟易芜杂，精加考核，上卷全为新著，下卷录存前稿十之四五。虽曰增订，不啻创编。

是书首列全省总图、山脉、水道、国界、交通，合为上卷，下卷于记载各县沿革形要之后，别为附录，内述山川、古迹，旁及国际要闻，今日虽时过境迁，然于研习吉省地理自有其不朽的价值。

附载《查办吉林事件案》系上海图书馆藏抄本，为盛京将军崇琦光绪九年奉命查办吉林将军铭安等官贪赃枉法的案档。从一个侧面反映清代吉林政界的腐败，以其首次面世而显珍贵，足资证史。

此番整理一仍"长白丛书"校点通例，以从简化一为则，一律不注。化繁为简，汰异易正，错讹衍夺，订正径改；诸版异同，盖加补订，求全责备；通用不一文字，一仍其旧，并酌加目录，以便检索。

编　者

1994 年春节

《大中华吉林省地理志》出版之宣言

林传甲

大中华民国十年十月十日，国庆日，中国地学会《大中华地理志》总纂闽侯林传甲□事五年，功甫及半，谨以负笈周游出版次序，报告于各省区同志，以明匹夫之责曰。

民国五年国庆日，中国地学会推为总纂，编《大中华易县地理志》，为本县小学□。

民国六年国庆日，登泰山、谒孔林，游青岛。编《大中华山东地理志》，为本省小学□。

民国七年国庆日，春季编《安徽志》，夏季编印《浙江志》，秋季编印《江苏志》，皆三月成。

民国八年国庆日，《江西志》成。生子。福建、湖北《志》成。修墓。回京编印京师、京兆两《志》。

民国九年国庆日，《山西志》多实政，直隶、河南两《志》，蒙大总统阅定题签，均发行。

自上年国庆后，本拟赴广州全国教育联合会，编印《广东志》，因两粤之争未往。又拟编辑《湖南志》，亦因两湖之争未往。遂专心东三省《地理志》，起草一年仍从每省一册之例。

奉天　往来十数次，调查亦较详，志在必成。如《江苏志》比皖、浙后出，南归所必经也。

吉林　长春、滨江沿路而外，尚未游历，必亲来问学，而后《地理志》可以征信传久也。

黑龙江　畴昔服务十年，粗知地方情形，旧有《图志》出版。庶政日新，地志常从新体。

或问总纂："何以三月能成一省志乎？其调查何所据乎？何以比各省通志利便乎？"

答之曰："三月成一书，每日不过两页，三月专心一省，不亦久乎，况十年，当历全国乎。调查之法，据通志、官书、私家著述、杂志报章，更得官绅学界修正，虽僻邑亦不遗漏。各省通志局，支薪水而不著一字，传甲访问人多，不支一钱，皆实地经过，见闻明确。"

或问："《地理志》已出版十二编，印刷费不资，从何筹得？且举家相从，进退绰有余裕乎？"

答之曰："《大中华地理志》已在内务部依著作权注册，犹农工商实业也。十二编系十二次出版，则成本轻而周转灵，未出版以前，有预约先期收款。印刷以后，定期出版。略有余利，又可转载书囊，再赴他省。浮家泛宅，以大中华为家。济南、武昌，寄孥匪久焉。"

或问："《大中华吉林省地理》亦三月出版乎？其预约如何办理乎？"

答之曰："传甲爱吉林山水，非不欲久留。但不限定三月，则惰气生而难成。编辑师范中学甲种乡土教科书，全恃各校预约。曾携京师、京兆、直隶、河南、安徽《志》，各二十册，请教育厅颁发各校传观，仍照各省定价大洋二元，各校预约、减半收价，实收大洋一元。准于阳历年内出版三省地志，则拟于明年暑假前一例出版，再赴西北、西南□。

该《宣言》据民国十年吉东印刷社铅印本补。

序

　　林子奎腾，与余为同年交。余甲辰计偕，遇于京师，与谈东北边防形势，如数掌上螺纹，心默许之。嗣余从政龙沙，因之言之当道，聘掌龙沙教育十余年。客岁复于都门相遇，知从事于各省地理志之编辑。顷以《大中华吉林省地理志》告成，问序于余。余虽未窥全豹，但林子以数十年之蕴蓄，足迹几遍天下，而复回翔于东三省十有余年，其所得者必多。《吉林地志》，原无适用教科，《大清一统志》《会典》弗详，《盛京通志》《吉林通志》详而弗要，寒士不易购。林子每至一省，必读一省古今志乘，最要者为新刊之官书、近年公报、宋铁梅之《东省铁路成案要览》、齐文轩《吉林财政报告书》、实业厅《吉林矿物纪略》各官书，并采各县乡土志及调查报告。林子博观约取，见某县人必问某县事，当有以补前人之阙，而为后之治吉林地理津梁也，必矣。吉林为余父母之邦，林子尤为余素心之友，余不敢以不文辞，因识数语于简端，兼以志余与林子结交之始末云。

　　中华民国十年夏正辛酉仲冬，年小弟翟文选敬序。

序

《尔雅》云：“伦勋邛救勤愉庸瘅，劳也。”又曰：“劳来强事，谓勚箸勤也。”昔吾闻应山林典史，以勤劳卒于官，子甫六龄，林母以勤劳纺织教之学，历十二年而后出山，于是吾友林传甲之名，始腾播江汉两湖间。丙午余游龙沙，是年秋林子以广西知县，经黑龙江程将军奏调来江，提调学务。定学田为基产，拨广信公股为基金，创初等小学十处。上自搢绅，下至瓮牖，遇有学童，林子必督令入校，唇焦舌敝，劳怨不辞。招第一班师范生五十人，躬任讲授，编乡土志为课本。收回俄人俄文学校，建黑水中学，为张季端学使所倚重。所有省立师范、中学、农工及女学师范、中学、职业，无不由林氏夫妇手创。其太夫人林下老人创女子教养院，勤劳寿终，林子乃去龙江而南游焉。余当张学使创《黑龙江公报》时，主任其事，兼领图书馆，昕夕见林子勤劳著述。乃一别六年，林子编印《大中华地理志》已十二编矣。长髯瘦削，状若老叟，然精神到底不懈，三阅月而吉林志刊成矣。非林子勤劳有恒，吾恐悠悠忽忽，或至三年不成。林子所挟不过千金而出版之，书价十数倍。其坚忍卓绝所成就者，盖千秋之盛业，而岂仅一时学校之教科也哉。

辛酉仲冬黄安韩杰。

序　罴耻

明习东三省地理学者，就近代论，推吾乡屠敬山先生居首。余昔尝师事焉。比来吉林，屠君久已南归，仅获请益于曹彝卿先生，备承奖掖。因林君奎腾，为当代地学巨子，读君塞上诗，致慨于黑龙江省会南迁墨尔根，为俄约蹙地之征，三复咏叹，瞻言之远，实契余心。时君方游龙沙，未有一书互通情愫，但闻君著作成，辄觅观之，弥寄慨慕。嗣君离东，遍游扬子江流域诸省，余每从北京地学会同人询君踪迹。今年重阳余寓斋中，有客闯然入，甫通姓名则大喜，结想十年慰心此日。信乎文章有神交，有道声气应求之感通乎魂梦也。君乃携一册示余，为《大中华吉林志》之稿本。其体例一仿君前著直隶诸志，而于本省文化之起源，人种之系统，则微异于他志，言之綦详，为重其朔也。高等小学、中学、师范讲授乡土地理，此为最适用之教材。有裨此邦学子，宁复浅鲜。君之省志已成者十三，鄙人深愿其赓此进行，绝业成时，年华尚早，心山祭酒，非君其孰堪之。

送奎腾总纂之吉林　炼人

诗价近如何，鸡林贾更多。香山虽已往，松水又重过。对日抒长策，临风发浩歌。此行知兴足，前路莫蹉跎。

祖贱宜何处，仓山一席开。诗豪今远别，词友应邀陪。啸月吟风去，模山范水来。梅花时节近，相约送春回。

和炼人送奎腾总纂之吉林原韵　北堂

此别意如何，无须挥泪多。几经旧游地，一路福星过。赠子无长策，嗟余作短歌。留连凭此日，诗酒莫蹉跎。廿五日炼人饯别于亦诗世界，余亦陪座。

莫是感离别，愁怀郁不开。是日炼人对酒不欢。华宴君作主，末座我叨陪。杯酒成欢去，诗简送客归。孕东持诗送奎腾。松花江水阔，共盼白鱼回。奎腾去时约寄白鱼。

送奎腾解元之吉林　玄龟

东出榆关万里程，秋风塞上送君行。短衣匹马戎装健，旨酒芳樽乡味清。闽峤儒宗今宿学，鸡林诗价旧知名。片帆待向松江渡，看取冰鱼夜火明。

序

传甲四岁粗识字，先祖盐源公自蜀就养，先严应山公养志维谨。先祖衰病，医云宜补。至药局取锦匣，上镌"吉林人参"。传甲因新年吉庆识吉字，姓氏识林字，三字经开卷识人字，参字犹未识。先严示匣内物曰：是名参，像人形，产自吉林。传甲侍先祖服参后，得锦匣盛玩物，因念念吉林不忘。吾家庭教育，重实物教授。六岁见药肆招牌高丽野参，问于先严，知高丽吾国藩属，吉林东邻，所产略同，野参年久可贵。先祖出《一统舆图》，口授沿边形势。须眉如戟，指东海滨失地，拍案厉声，忠愤溢出。传甲懔懔乎惧不知所措，但见先祖泪下，亦随之泪下也。呜呼，先祖往矣，英灵在天，苟见今日倭寇深入，由吉长而贯吉会，蹂躏延珲等于高丽，不知作如何感慨痛切也。传甲既长，阅《吉林通志》，知吉林可垦辟，无异内地。日俄战后，吉林双城翟熙人同年劝我出塞。承程雪楼将军奏调，传甲夫妇自广西万里赴之。黑龙江初辟，惟吉林人材是赖。宋铁梅都督、徐鼐霖省长、魁星阶厅长、王可耕道尹，并列于文案处。传甲虽专心教育，未谋仕进，每同膺荐剡。民国初，宋公荐任教育司科长一职，遂服务十年。先妣林下老人寿终，始解职南游。在京师承中国地学会同人，推任大中华地理志总纂。周游各省，期以十年之内编成各省区地理志出版。民国六年六月六日成《易县志》，为各县范本。七年七月七日《浙江志》成。国庆日，《江苏志》成。全国教育会联合会萃于上海，一致赞成。吉林省教育会王伯康会长，约我游吉，编《吉林志》。八年八月八日，《京师志》成。国庆日，《京兆志》成。全国教育会联合会萃于山西，研究乡土，尤重出版速而发行多，因官私著述多可采，长官提倡学生好读书。吉林第一师范学校吴献之校长，又约我游吉，余应以吉林必到，但不敢定期也，因山西出版余利多，直鲁豫亦次第出版。虽处荒年，吾学不敢荒，竟勉力成之。九年九月九日，《直隶志》成。国庆日《河南志》成。徐大总统阅定奖勖备至。即专心东三省志一年，每省一册。长安小息，卧病几不支，幸秋后元气大复。周斗卿厅长，委以视学一职，遂移家再出边塞。十年十月十日，有《大中华吉林省地理志》出版之《宣言》。在京所编，多据旧籍。来吉始得官书文卷，知在京所据教育部《教育公报》皆前数年状况，其余更可推矣。编某省志必至某省，此传甲经验有得者。病躯虽弱，又藉吉林人参为补品矣。不缓不急，日月为易，自信所至无不成。是在到处求学，逢人善问而已。

林传甲撰

目　录

凡　例

一、本编依《大中华地理志》京师、京兆各省定例，每册一百六十章，适合师范、中学四年教授。注重实业，为农工商学校必备。政治、经济皆新调查，法政学校尤宜参考。

一、本编所引古图书，以示有征。删繁提要，由博返约。《通志》过繁，不便舟车携带，此编寒士亦可购置。至于从政通人，必能深知采访之不易，读一书胜读数十册书。

一、本编每章前六行，有提要一段，可备高等小学肄习。字数少，便小学用。

一、本编冠以四道三十九县歌，可备国民学校、家庭教育儿童记忆县名，通俗适用。

一、本编地方志，无论地方繁简，一律每县一章，无他书专重省城、口岸之弊。

一、偏僻地方，如虎林、饶河、勃利、绥远、同江，此次皆有新调查并向游历人访问。

一、各县父老、教职员、学生，对于本县多调查修正，亦署姓名。

一、在京所据教育农商公报所填教育、实业。至吉省，则据文卷改正最新之数。

一、编书时现大洋换八十吊，校印时已至一百吊，足见地理志当改年修订。

    一、编者竭尽心力。如有修正之处，请俟再版。

吉林四道三十九县歌

吉林省治古船厂，　　长春开通日来往。

伊通本是一统门，　　濛江林业汤河温。

农安县有隆安塔，　　长岭不长沙漠杂。

舒兰古站在江东，　　桦甸韩家边外雄。

磐石山中铜矿好，　　双阳植树公园早。

德惠县境老少沟，　　小轮来往上下游。

滨江巨埠哈尔滨，　　扶余故国旧新城。

双城屯垦开边土，　　宾县名材报马树。

五常特产是黄烟，　　榆树围城散白钱。

同宾山水宜长寿，　　阿城古迹白城旧。

延吉通商局子街，　　宁安古塔未沉埋。

珲春恨失图们口，　　东宁绥芬成利薮。

敦化敖东清发祥，　　额穆大镇蛟河旁。

汪清百草沟开埠，　　和龙峪前龙井后。

依兰三姓旧都府，　　勃利名州新复古。

同江松黑混同流，　　宝清河水不通舟。

密山蜂蜜原天产，　　虎林榛莽地宜划。

绥远沿边镇极东，　　桦川佳木买粮丰。

富锦农商宜致富，　　饶河不饶新辟路。

方正泡旁万顷开，　　穆棱通轨欧美来。

此歌乃全书编成，始克撰著。昔游江浙，中等以上学生苦不能记全省县名，及编撰成歌，则山西国民学生无人不能记诵。吴献之校长认为，国民学校所必读也。

引用图书目录纪要

吉林通志　东三省志略　吉林一中　大清一统志　圣武记　国货调货录　吉林外纪　东三省政书　读史方舆纪要　天下郡国利病书　水道提纲　吉林全图　东三省全图　东三省铁路图　大清一统舆图　东三省明细图　吉林公报　吉长日报　政府公报　教育公报　农商公报　地学杂志百廿册　吉林矿物纪略　吉东铁路之富源　延边调查录　伯利探路记　白山黑水录　吉林地理纪要　东省铁路成案合同要览　松黑两江航路图说　吉林风景画　吉林财政报告书　农业地理　商业地理　吉长铁路隧道邮片　毓文周刊　吉林教育三年概况　中国地理教科书　新体中国地理　东三省邮区地图　吉林教育行政录　中国新区域图　中国形势一览图　哲里木盟十旗图　吉林教育成绩品录　长春王氏自强学校工厂规程　吉林政俗月刊　民实报　吉林教育公报　吉林通俗报　韩边外传记　绥芬戊申报告书　省城电话簿　吉林省城街市图　东宁县志略　方正县志略　宾州府政书　吉林动物标本

第一篇 总 论

第一章 吉林之名义

吉林为大中华二十二行省之一。唐书有鸡林贾人购白居易诗，其诗注云：鸡林国宰相，尝以一金购香山诗数首。又唐刘梦得诗云：口传天语到鸡林。按《满洲源流考》，今之吉林，确为唐时新罗国之鸡林州。诗人或称鸡塞，是吉林沿唐时旧名，于此可证，然不知由何时改为吉林。据地志：有吉林乌拉者，乃满洲古地名，吉林沿近之谓，乌拉大川之谓，后截取上二字为省名。又据《吉林外纪》，清康熙二十四年间，谕旨内谓几林乌喇；旧志又谓吉临乌拉，盖吉与几，林与临，汉字音相同，今通称吉林，乃从汉语省文也。

船厂考

吉林省垣，土名船厂，不知始于何时，其说亦不一。或云明初造船舶于此地，查明纪永乐、洪熙、宣德三朝，累兴水师，招抚东夷，或指此处。或云：清初顺治十八年，遣昂邦章京造战船于此，以征罗刹，故有此名。又据今人传说：吉林尚仪街北木桥下，将军衙门路南，桥底有小铁船一只，或因此名。又吉林西关迎恩门外，头道码头西，有黑龙江水师营造船处，俗名船营，同治、光绪年间，尚有四十五只，以备使用，今其遗址犹存，此又一证。虽不知其名始于何时，大抵不外以上四者之原因。

宁古塔考

《吉林通志》谓宁古塔无塔。今据实际考察，塔基固巍巍尚存于旧街，在今县治西北五十里，周二里有奇。相传建自元朝，坍塌于雍正年间，卸下之砖瓦，竟成丘陵，所余塔基犹高丈余，土人称之谓宁古塔座，并云清太祖努尔哈赤曾居此。当清室未兴以前，通称宁古塔贝勒。宁古塔者，满洲六个之谓，贝勒者，部长也。清景祖觉昌安兄弟六人，各筑城分居于是也，因以为名。

吉林省文及别称

吉林公牍电报，省文曰吉省，无他省一字别称，近日文人，有省松花江为松江，以松江为别称，嫌其与江苏之松江同。旗籍人在关内，或自称长白，或称松漠焉。

第二章　吉林之沿革

吉林古肃慎地。汉晋时为挹娄，后魏为勿吉。隋之靺鞨，唐为渤海国。宋为契丹、女真之地，元置军民万户府五。明初属建州、毛怜等卫。其后满洲崛兴于此。清顺治十年设按班章京及副都统二员，镇守宁古塔。康熙元年（1662）改按班章京为镇守宁古塔等处将军。十年，移副都统一员于吉林。十二年，始建城。是年，将军自宁古塔移驻吉林，宁古塔只留一副都统，嗣后遂以吉林为省治。雍正时设永吉州，并于伯都讷设长宁县，始立民官，以治地方。咸同后，遂渐招垦。光宣时，府厅日增。民国初元，乃一律改县云。

吉林进化之现象

佃渔时代　依兰下流，富锦一带，尚有鱼皮鞑子，捕鱼为业，并依山行猎，有上古之风。即使犬部落，以狗架扒犁为交通之器。

游牧时代　郭尔罗斯蒙旗，业已放荒，牧场所存者日少。然未开之荒地，及不可开之地，仍有游牧牛羊群。其余农家，以牧羊、畜猪为副产者亦多。

农垦时代　汉民北徙，成邑成都。延珲一带，韩人归化，则谓之垦民。

吉林沿用之古名

沿用古国名　扶余、乌拉街。

沿用古州县名　勃利、宾州、长春、同宾。

沿用古城名　阿城，双城。

沿用古山名　长岭、密山、和龙。

沿用古水名　同江、桦川、方正、濛江、饶河、双阳、滨江、汪清。

沿用古经名　五常、德惠、敦化。

沿用满洲名　依兰、舒兰、珲春、穆棱、额穆、富锦。

沿用植物名　榆树、桦甸。

吉林土地名不能革者

船厂　因吉林已为全省之名，民间不习用省城字样，是以仍呼船厂。

宽城　长春商人自城宽庄，而宽字单用，亦可代长春二字。

哈尔滨　中外通称，不易改革。市民因军警、司法不属县，几不知有滨江县也。

第二篇　天　象

第三章　经　度

吉林省之经度，当大中华京师中线正东，今昔并为大中华疆域之极东。昔日以海岛为东海之东经，不止东海滨各地在疆域内。自咸丰失地，天度亦缩，差至十度，二千里而遥。说者谓建省于宁古塔时，可兼顾东海滨，自徙吉林，视西北为乐土，畏东北为瓯脱。康、乾之盛，中央测地之畴人子弟，不惮险远，实行勘测，载之舆图。嘉、道以后，盛美莫继，何怪俄人割去疆域大半，咸、同朝野，冥然罔觉。今日历书，因时差之恒数，在上海先二十七分十八秒，京师先十六分一十二秒，自西徂东，凡三千五百里。

吉林省经度要点

吉、长、滨江，用中原时，依兰、延吉，用长白时，教育部历书标准也。

偏东七度以内　本省西界。

偏东八度以内　长岭县。

偏东九度以内　扶余县、农安县、南郭尔罗斯公府。

偏东十度以内　长春县、伊通县、双阳县、德惠县。

偏东十一度以内　吉林县、磐石县、滨江县、双城县、榆树县、阿城县、舒兰县、濛江县。吉林标准时，早二十七分四十一秒，中原时当世界八时。

偏东十二度以内　五常县、桦甸县、宾县、敦化县。

偏东十三度以内　额穆县、同宾县、方正县、镜泊湖、头道沟。

偏东十四度以内　宁安县、依兰县、延吉县、和龙县、汪清县、穆棱县、龙井村。宁安标准时，早七分五十五秒，长白时即世界标准时八时三十分。

偏东十五度以内　珲春县、桦川县、东宁县。

偏东十六度以内　密山县、富锦县、宝清县。

偏东十七度以内　同江县标准时，早十九分十一秒。

偏东十八度以内　饶河县、虎林县、绥远县。

偏东十九度以内　耶字界牌。

全国最东经度　耶字界牌屹然与俄属伯利城相对，江涵之东端界上当乌苏里江之三角洲，水道分流。吾国宣详据旧图，在伯利对岸，择地开埠也。

第四章　纬　度

吉林之纬度，比黑龙江、外蒙古稍南。是以天气比龙江稍暖，昼夜长短之差数，亦不如黑龙江之大。秋分后十日尚未见霜，园庭红花碧草，同于内地。每年松花江封冻，亦比嫩江稍晚。蒙古、新疆纬度与吉林同者，或比吉林更寒，因蒙疆为大陆高原，吉林为平原，且近于海也。欧洲与我纬度相同之处，则吉之南境比于罗马；北境比于巴黎；中部比于伯尔尼、维也纳。美洲与我纬度相同之处，则为美国最繁盛之纽约。是我之天度，等于欧美最繁盛之天度。人心、人力当自强也。自南至北，凡一千九百里。

吉林省纬度要点

省城夏至日出四入七，时十八分，四十五分。冬至日出七入四，时三十一分，二十六分。

四十一度以北　本省南界。

四十二度以北　濛江县、和龙县、延吉县、珲春县、龙井村、头道沟。

四十三度以北　磐石县、桦甸县、敦化县、汪清县、伊通县、双阳县、额穆县、长春县、吉林县、东宁县、镜泊湖。

四十四度以北　舒兰县、宁安县、德惠县、农安县、长岭县、穆棱县、榆树县、五常县、南郭尔罗斯公府。

四十五度以北　扶余县、同宾县、密山县、阿城县、滨江县、方正县、双城县、宾县。

四十六度以北　依兰县、虎林县、宝清县，桦川县。

四十七度以北　饶河县、富锦县，同江县。

四十八度以北　绥远县。

第五章　历　象

吉林春分六日后，日出视京师渐早，入渐迟。故夏日昼长于京师，秋分六日后，日出视京师渐迟，入渐早，故冬日昼短于京师。节气时刻，交食方位，亦与各省迥异。教育部辖中央观象台历书，推步甚密，吉林用省城之经纬，各县尚有微差也。民国以来施行阳历，各行政官署一致通行，而民间狃于习俗，仍用阴历。政界集会酬应，大抵多于日曜日例假中举行，民间选择吉日，往往仍拘守宜忌。然老农按节气播获，已知用阳历胜于用阴历，特百姓日用而不知耳。不信历书，而市乡仍叫卖皇历，巡警所当干涉也。

吉林实行阳历之成绩

公署　公文皆以阳历为主，官俸兵饷亦以阳历为主。

学校　始业、毕业，皆以阳历计。

农人　按节气播获，阳历差数较小。

工厂　多依星期放假。

商店　庆祝纪念，皆悬国旗。或趁国庆日开张。哈埠商人，则兼记俄历于月份牌。

吉林沿用阴历之状况

寿辰　凡十岁以上之人民，皆生于前清。六、七、八旬之老者，念先朝守旧俗尤笃。人子虽服务民国，家事必顺从亲心。是以寿辰皆用阴历。

吉期　国人迷信阴阳选择，已不如前朝忌讳之多，但文明结婚者仍有择日之事，亦古人筮日之遗。因需用干支配合，是以多用旧历。

葬期　堪舆以祸福之说，深中人心，是以子孙谋祖父母之安，往往不迷信者，亦多从俗，仍用旧历。

过年　全国商人，向以阴历年底为大结束。虽新立公司或用新历，然阳历年底，收账不易，阴历年终，习惯为还账之期，号曰年关。今名元旦曰春节。

过节　端午、中秋，今名曰夏节、秋节，人民视为收账之期，亦成习惯，号曰节关。若冬至为冬节，惟祀天用之。

庙会　古人多因神社而集合。佛道祭期，往往有庙会。演戏酬神，各地日期不同，商货随以移转，交易颇盛，不易改革。因自然结合，不待召集也。

第六章　节　令

　　吉林节令，自天度言之，比内地寒，然春秋每多佳日，每年恃秋收一次，大小麦亦春种秋收，内地人以四月为麦秋，此间麦秋直是秋日。有秋则有年，年景之丰啬，视秋成如何。度岁必用阴历，因秋收晚粮必冬日始出卖于市，又必俟冰坚而后长途无河沟之阻，易于转运，市上易得年货，归以卒岁。商人以冰鲜邮寄原籍，并肉汤凝成之肉冻，亦可邮寄。学校寒假，亦包括阴历过年。花期、清明、端午、中元、中秋、重阳，风俗多由内地传来，不殊中土。阳历新年，惟官场邮笺相贺，民间仍淡漠视之也。

吉林度岁之习俗

　　除夕　爆竹齐鸣，全国响应，火线广远，逾于欧战。彼以战夺，我以和乐，进化矣。

　　元旦　亲知相贺，锣鼓喧天，赌禁暂开，逢场作戏。所食皆年前所备，无生米下锅。

　　破五　初五以前，百业休息，无物可买，皆食熟食。富家珍味山积，平民亦有酒肉。

　　上九　俗谓玉皇生日，商店多开张。

　　上元　昔有龙灯狮子，今已减少，偏僻之处，旧俗所存尤多。

吉林节令之旧俗

　　二月二日　俗名龙抬头日。冻猪头于是日煮食，年货始尽。懒学生亦上学。

清明　墓祭同于内地。

四月八日　佛生日，多庙会。四月二十八日，北山庙会最盛。

端午　水师营亦作龙舟竞渡之戏。

六月六日　士人晒书。

七月七日　乞巧无他，男耕女织之象也。

中元　七月半盂兰会，祀先给孤。

中秋　为送瓜、食瓜之期，水果多来自内地。

重阳　省城小白山、北大山为登高之胜地，龙潭山为远足旅行。

十月一日　修墓之日，再迟则封冻。

冬至　天气严寒，可宰年猪，呼为白条子。

腊八　满洲以腊八粥为大礼，富家筹备年货自此始。二十三祀灶，即过小年。

第三篇　疆　界

第七章　东　界

　　吉林最东经度，在京师偏东十八度三十分。自乌苏里河以东失地之后，即以此为全国最东之点，距清初库页东端，距京师偏东二十八度旧界，盖失地二千里，当天空十度也。咸丰十年，中俄缔《北京条约》。次年，清政府派仓场侍郎成琦，会同俄员勘分界线，于沿边立木质界牌八处，今交界道路记，犹可考当时分界地点。自乌苏里河口而南，上至兴凯湖，两国以乌苏里及松阿察二河为国界。逾兴凯湖，直至白棱河，照图上所书红线，俄文字头作界碑。光绪十二年，吴大澂勘界，损失已多。今有知觉晚矣。

东界俄属东海滨省

　　绥远　自耶字界牌以南，入乌苏里江河口，则有富集河、毕尔赛河、黑鱼泡、瓦盆窑河。沿边有固本屯、海青鱼厂。

　　饶河　西北有大七星河，经船口入乌苏里江。西涵为江滨一岛。又南有鸡心口，逼近俄路之北京站。南有大带河，大小别拉河，最南至外七星河。

　　虎林　七虎林河自县西东流，入乌苏里江。北有独木、大木、小木、河木等河。南有黄泥河、穆棱河、白大河，皆入乌苏里江。惟古榆树南四道老房河，入松阿察河。以上三县，以松阿察河及乌苏里江为界。

密山　沿松阿察河，有小黑河、四道河，南至龙王庙，有亦字界牌。西越兴凯湖，至白棱河喀字界牌，西南至黑背山，有记号。又西南，至玛字界牌。又经第二十二、三，至黄窝集山二十一号为界。

东宁　自那字界牌以南，南至五站，为中东铁路之交界驿。其南以瑚布图河，为东西分界。直至河源，有界碑。

珲春　老松岭南草帽顶有拉字界碑。第十六号南，有萨字界碑。由十五号折西，至第七号，沿边多金矿。黑山、马鞍山，屹为边境屏障。惟瓦岗寨名目，易为匪巢。自黑顶子折东南，为第六号，包图们江之东。至第一号，为土字界牌，是为最南。东距东海，不过数里。南距图们江口，亦不过十数里。昔年划界，不争海口，此界务东隅之大失也。

第八章　西　界

吉林最西经度，在京师偏东七度五分，地名月海屯，为奉、吉两省交界处，地属长岭县。吉林西辟蒙荒，惟此点突出，地瘠近小沙漠，边上无著名屯镇，至新安镇以南，边屯始盛，至长春西南交界，生聚颇繁。伊通则三面插入奉天，磐石又向内缩。濛江垂入奉天界内若悬瓠，桦甸又向内缩，南与奉天安图为界。和龙则西界安图，昔奉天之界不明，两省放荒所至，设治之地，即为省界。此界自省城视之为南，自全省视之为东南。直隶朝鲜境，则长白山头为奉吉两省一致对外之要地也。

西界奉天省

郭尔罗斯蒙旗　哲里木盟十旗，分配东三省，奉天得其六，黑龙江亦得其三，惟吉林仅得其一。然长春为十旗中心，精华所荟，农安之腴，长岭之广，洵难得也。今前旗一隅生计地，犹障隔吉、江两省之间。

长岭　本郭尔罗斯前旗地，西与奉天科尔沁左翼中旗相连，即奉天之双山县。新安镇以南，界上有五里堡、古井、老牛图、龙塘、八宝户。西界开通。北界安广。

长春　自长岭界龙泉山，迤东南莲花山、大青山、龙王庙、大岭，白龙驹，至铁路旁与奉天范家屯车站分界。又迤东南自长春堡南，至伊通门。

伊通　伊通门循边墙至叶家屯，二十家子，西南至赫尔苏门。又经上下三台至布尔图门，又经上下二台，至昌图东南，折东南，不以威远堡为界。至二道河南，循围场旧界，叶赫旧境。东北至县南石匠背。东南至大星岭。

磐石　西起伊通界之朝阳山。东南经亮子河、当石河、牛心顶、细鳞河。过辉发河，界上有煤矿沟，南与奉天辉南为界。

濛江　起磐石界二岔岭。南至三岔岭，绕斐德里山、窟窿顶子，折东经报马川、小阳河至沙河金矿。循头道江至下两江口，东与奉天抚松县分界。

桦甸　西起头道柳树河，东至五道柳树河。又东至金银壁河、狼才河、石人沟、富尔河、西北岔、大小蒲城河、东柳树河。

和龙　西以英额岭、秫秸岭，与奉天安图县分界。经外马鹿沟鸡爪顶子之西南。又东南至图们江上关王庙，本省最南之界也。

第九章　南　界

吉林最南，图们江上之关王庙，北纬四十一度五十八分，为奉、吉两省对于朝鲜之三交界，即华字第一界碑：华夏金汤固，河山带砺长，凡十碑，皆沿石乙水而排列。下游则以图们江为吉林与朝鲜旧属国分界。有清政尚宽大，听韩民越垦。图们江自茂山以下多滩地，以光霁峪前假江之地为最大，纵数里，宽一里，计二千亩。韩人私掘一沟，此滩遂介于江中，韩官李允范，遂妄指为"间岛"，致酿中日间多年之争执，至今犹多事。正南界奉天，濛江、伊通皆插有奉天之地，所谓犬牙相错也。

界碑勘定之地址

华　立于小白山顶。

夏　立于小白山东麓沟口，距华字碑十五里。

金　立于黄花松甸子头接沟处，距夏字碑二十二里。

汤　立于黄花松甸子尽处水沟口，距金字碑五里。

固　立于石乙水源出处，距汤字碑十二里。

河　立于石乙、红土两水会流处，距固字碑四十一里。

山　立于长坡浮桥南岸，距河字碑八十八里。

带　立于石乙、红丹两水会流处，距山字碑二十三里。

砺　立于三江口之图们江、西豆水会流处，距带字碑三十六里。

长　立于图们江、朴河会流处，距砺字碑三十一里。

图们江岸中韩要界

外五道沟　南对朝鲜之茂山。

黑子沟　南对朝鲜之良雍。

大碴子　即稽查处，南对朝鲜之会宁。

光霁峪　即"间岛"岸之东，对朝鲜之钟城。

凉水泉　下游南接朝鲜之稳城。

珲春　南对朝鲜之庆源。

黑顶子　下游南对朝鲜之庆兴。

第十章　北　界

吉林最北之点，即最东之点，北纬四十八度二十分。绥远一县，屹然乘伯利上游，北濒黑龙江与俄之阿穆尔分界，上至松、黑合流之同江县止。上游松花江横亘，所有富锦、桦川、依兰、方正、宾县、滨江、扶余，皆当松花南岸，与黑龙江省以江为界，昔汤原、大通曾隶吉林依兰府，改设行省后，划归江省，省界亦较为整齐。国界省界，皆有天然河流也。查胡文忠《大清一统舆图》北八卷：吉林库页岛北端当北纬五十五度，咸丰失地以后，盖缩退七度，约千四百里而遥也。界上百里之内，彼此互市无税，两国因以亲睦焉。北界黑龙江与俄划江分界者，华人赴俄界种烟，俄人来华界饮酒，国法难禁。

绥远　东起耶字界牌，西有乌苏里支流，口外一岛，曰黑瞎子沟。西至县城北，有浓江，有岛曰达子营。色拉库街上游，有岛曰富唐吉。循秦得利、额图二站之北，有沃泥河入江，中俄国际河流。倭轮亦冒挂俄旗上驶，江防司令能实行查阻。

同江　东起得勒气，西经科木、街津口，上游有哈涵岛。西南经睦邻镇，至县治，即拉哈苏苏。松黑江防回环三千里，只有炮舰四艘，吾悲重镇无人守也。

北界松花江与黑龙江省分界者

临江　江沿有泥尔固、图斯利、翟通市、布齐和、古必札拉。

富锦　临江设县治。上游有兴隆屯、大崴子、和悦镇、霍悦路、康阜镇、三道乌龙。

桦川　东有马库力山、瓦正通河、汶澄岗西有海明屯、苏苏屯、蒙古里、佳木斯。

依兰　东有宏克力、大小瓦宏、巴彦通。县治西有牡丹江口、西甸子。

方正　东有沙河子、黑瞎子沟、涌湛河、达沟、二吉利，河西有南天门、寡拉川。

宾县　东有摆渡河、半截河、新甸、猴石，西有红石砬、朝阳川、老山头。

阿城　县北黑鱼泡、马厂之北，皆有江套。

滨江　江沿码头极繁盛，铁桥为两省分界。上游有正阳河。

双城　西北江沿有报马川、砬子屯、八里冈。

扶余　东北江沿有黑沙坨、西崴子、下岱吉、塔头泡，西至老神店。折南至县城西北界郭尔罗斯者。

农安、长岭，互见西界。

第十一章　区　划

吉林区划，略如田字，上稍阔而下稍狭，不以四方分划，而以四隅分划。一曰西南，今所谓吉长道，为省会商埠所在，农业最膏沃之区；二曰西北，今为滨江道，松花萦绕，轮轨交通，亦繁庶之境；三曰东南，今名延吉道，倭文谓之间岛，将为吉会铁路所经，韩民内向，杂居者地冲而多难；四曰东北，今名依兰道，昔三姓副都统辖境，远及库页岛，今东海滨久沦于俄矣。自铁路交通而两旁主权渐失，今虽收回，然仍名曰特别区，法院，警察之编制亦特别焉，此则吉江两省合并办理，不属于一省者也。

吉长道区

共十一县。

吉林、磐石、舒兰，旧属吉林府。伊通，旧为伊通直隶州，昔以散州属吉林。长春、农安，旧属长春府。长岭、德惠、双阳、濛江、桦甸，以上新设。

滨江道区

共八县。

滨江、双城，旧属双城府，滨江旧名滨江厅。滨县、同宾、阿城、旧属宾州府。榆树，旧为榆树直隶厅。扶余，旧为新城府。五常，旧为五常府。

延吉道区

共八县。

延吉、和龙、汪清，旧属延吉府。珲春，旧为珲春厅。宁安，旧为宁安府。东宁，旧为东宁厅。敦化，旧属吉林府。额穆，新设治。

依兰道区

共十二县。

依兰、桦川、勃利、方正，旧属依兰府。同江、富锦、绥远，旧属临江府。密山、宝清、饶河、虎林，旧属密山府。

穆棱，旧属宁安府。

最近号曰三十九县。乌吉密河、苇沙河，行将设治，将进于四十一县。旧日十二属所分析地，拉林人民，亦请愿设治焉。

第十二章　形　势

吉林形势，或谓自近古以来，恒重于奉天。辽代建国于辽水流域，金人起白山黑水间，竟以满万之众灭辽。有清始祖实发祥于敦化，东迁宁古塔，南取兴京盛京以成帝业，此近古史之可证者也。明永乐因船厂造船以抚驭苦夷，清康熙因船厂立水师营以平定罗刹，前人御侮开拓之功，亦不让汉家度辽也。自改设东三省为行省，原议以总督驻长春，民国初拟以东三省为一大学区，设校长春。盖地居三省适中，西近内蒙，宜于内治；东陲边要，极于绥远，殆不忘沿海及库页之荒服也。

古分而今合者

古人有一县之地，即成一国。近古如叶赫国于伊通，乌拉国于吉林，皆是也。最近韩登举在桦甸，何尝不俨然独立。郡县制成，封建部落日减，虽蒙古亦纳土矣。

古合而今分者

清初各副都统，辖境寥落，鞭长莫及。宁古塔、三姓两城，所控制尤远。自开荒设治，由五六厅治，递分至三十九县，若荒地齐开，不止百县也。

古重而今轻者

宁安　宁古塔驻将军时最重，移省后遂成僻郡。

扶余　伯都讷驻副都统时最重，铁路改由哈尔滨，繁华亦减。

古轻而今重者

滨江　昔为滨江一网房瓦窑。迨铁路桥成，水陆轮轨交会，遂为塞外之汉口。

长春　日俄未战以前，犹寻常一过站，两国争持，遂成巨埠，且为省城出入门户。

古盛而今衰者

阿城　白城子昔可建都为大国，今不足以为县治。

乌拉　乌拉街昔年可建国，今距省近不足以立县。

拉林　放荒之初，号为上腴，附近各大县皆曾升府，拉林街名不著焉。

今日形势所在者

绥远　海军江防舰队第一重门户，对岸三面受敌。舰队精，炮垒固，可武装和平。

延吉　大陆出海，以吉会铁路为将来孔道。陆防第一重门户，弱国自行开放也。

第四篇　山　脉

第十三章　长白山脉

长白山，满洲语曰果勒敏珊延阿林，在吉林城东南六百余里。古名不咸山，汉曰单单大岭，魏曰盖马大山，后魏曰太白山，又曰徒太山，亦曰从太山，又曰太皇山；《辽志》及《金史》始有长白山之名，因其四时戴雪，故以长白称之。据英人维谦孙云：长白高峰自万尺至万二千尺，盖已达雪线也。山顶为轻石石灰岩，不生树木。山腹全系土质，森林郁茂，不见天日，然倾斜平缓，登峰不难。惟每年秋分后至翌年立夏时，大雪封山，行人绝迹。有清开国，上托于天女，列之祀典，虞衡有禁，今日始兴利焉。

前清长白山之祀典

殿宇　五间，原由盛京工部修筑。如有渗漏，由吉林粘补修理，人于岁修核销。

祭期　每月朔望，将军及副都统，轮替拈香一次。每年春秋二季致祭。

祭品　定额应备养黑牛二十条，猪二十口，羊二十只。每年将用剩数目，于四月内造册，咨送盛京礼部核销。

长白山分布全省大势

老岭　为吉奉之界。北为英额岭、天宝山、哈尔巴岭、老松岭、哈达岭，为正脉。

完达山脉　自哈达岭，东北至窝金山、太平山，实长白山之东北大干。

七虎林山脉、蜂蜜山脉，为东北两大支。

张广才岭　为老岭正北之大干，直至长春岭，分省北各支，衍为小白山脉。

磐石山脉　自奉天境，长白山之吉林哈达山折入，分省南各支，及省西各支。

长白山盘回延吉之各支

和龙峪第一支　自牛心山、高岭、黑山岭，北至光霁峪、风都岭，灯笼岭。

天宝山第二支　自天宝山银矿，北有大小盘山，东迤为元宝山、帽儿山、磨盘山。

延吉岭第三支　自哈尔巴岭分庙岭一支，自义松岭、牡丹岭、延吉冈至延吉岭。

高丽岭第四支　自灯草顶子太平岭，至老爷岭，汪清河出焉，南至高丽岭临边。

土门岭第五支　自老爷岭、青松岭至土门岭，当东宁、珲春界，又东至通肯岭。

老松岭第六支　岭西南沿界为红旗河流域之界，岭外沿海皆割于俄。

第十四章　完达山脉

完达山脉，为乌苏里江、牡丹江分水之脊，为省东北高原之主山，即长白之东北大干。由哈达岭南接老松岭，东北横亘富锦、同江、绥远各县。西分桦川、依兰、穆棱各支。老松岭以北，穆棱岭西北，正脉为黑土岭、卡伦山、肯台山。沿山多榆树林、桦树林。又东北经龙爪岭、察库兰岭，至杉松顶。北为葛兰棒子山，产参。又北为阿尔山，产金。东北为对锦山、砚台山、二龙山、东西太平山、寒葱山、喀尔山、昂古山、苏杜山，直至绥远南黑龙江与乌苏里江之会。屹立完达山，巍然为边镇，俯临俄境，有居高御下之势焉。

完达山附近形势

主峰　北眺黑龙，东襟乌苏，西带浓江，南连长白。

东麓　科勒木山，下有防守屯，防御守望，山险可资。

北麓　依里嘎山，北有东安镇，最东边境，中外相安。

西麓　浓江以西，开阔为小平原，沿江五县，皆有冲积层腴壤。

南麓　入山愈深，采金、采参、采木之利愈厚。

完达山脉各支脉

昂古山所分两支　东北曰秦得利，西北曰额图，皆突至黑龙江滨。

寒葱山所分两支　北曰街津山至江滨，南曰小孤山子、孤山子，至杨木冈金矿。

二龙山所分两支　北曰乌尔吉力、横头山，南曰向阳山、驼腰岭，东长春岭。

阿尔金山之北支　双鸭山、别拉音山、双凤山、三道冈。

阿尔金山之东支　望山坡、乌尔根山、三岔口、青山子。

阿尔金山西北支　七星砬子、马鞍山、笔架山，北至宝山镇。

马鞍山之西北支　分水冈以西，有大脑袋、歪顶子、横头山、分大堆峰、小堆峰。

马鞍山之西南支　小青背、大青背两金矿，西至大德依亨山、横黛山、土龙山。

大青背之西支　自烟筒山、猴石、西湖景，至水流曲山，依兰东境，何秀丽耶。

察库兰岭附各支　中支连珠冈，东支小驼腰，西支大驼腰，河北有阿尔布善山。

哈达岭南北各支　北有七道关，南分连珠山、大小锅盔山及揪毛山煤矿。

龙爪山之北支　大毛里山、懒挪子山、西北两锅盔山、牛心山。

第十五章　七虎林及蜂蜜山脉

七虎林为饶河、虎林河之分脊。蜂蜜山为穆棱河、兴凯湖之分脊。七虎林之主干，旧名那丹哈塔拉岭。蜂蜜山之主干，旧名苏尔得岭，今从虎林、密山之新称。此两山脉自长白、完达山二山脉比较，仅足以当支脉，惟支脉中之最大最重者，屹然列于边陲，为一方之望。七虎林山脉，皆在境内，蜂蜜山支脉，且连亘于境外。榛荒初辟，虽有崇山峻岭，或未定名称，交通不便，虽林峦幽胜，丘壑郁盘，游山者所不至，然参茸、森林、矿产，利之所在，农商渐徕。官吏考察，陆军测绘亦日密焉。

七虎林山之各支

正干　自完达山脉杉松顶，东为奔松子山、发希山、土山、双研山、安巴倭克里山。

主峰　七虎林山，在七虎林河之北，东麓临乌苏里江。今人举七峰而锡以虎名。虎头峰、虎视峰、虎啸峰、虎卧峰、虎威峰、虎文峰、虎德峰。

南支　新七虎林山，在七虎林河之南。西起发希山，接半拉窝集，东至老龙冈。

北支　双研山东北堪达山、那丹岭、青山、佛力山、大顶山、关门山、营盘山、饶力山。

蜂蜜山各支

正干　穆棱窝集山至铁锹背，为穆棱河与绥芬河之分水岭，即完达之分脉。

主峰　黄窝集山，在群山中最为广大。屹立于边界之上，俯为北岔河焉。

红土崖南支　南有庙岭、南天门、交界顶。

青沟岭北支　北有鸡冠山、头道老爷岭。

大干　界上老虎山，内向尖顶子、角杆顶，至黑背山，是为来脉。

蜜山　在县治东南，兴凯湖西北。昔多野蜂，猎人因得自然之利以名。

南支　蟠于大小两湖之间，今名曰临湖山。

北支　杨木冈直至穆棱河滨。

东支　石咀子东分二小支。

余脉　苏尔德山在大小穆棱河之间。

森林　　小穆棱河以南，有古董林。

丘陵　　黄岭、太阳冈，小山起伏于平原。

第十六章　张广才岭山脉

张广才岭一名张岭，或名嵩岭，为牡丹江松花江分水之脊，今有名为中岭者。此岭自南而北，分全省为吉东、吉西两部，而正当东西往来之冲。相传昔有汉人张广才，谪居于此，凿山道以通车马，葺茅舍以驻辖轩，冠盖往还，皆以为便，遂以人名为岭，竟得不朽。山脉由长白山、老岭分支，似与完达山脉成平行线。岭西开辟较早，岭道既开，省东亦渐拓。老岭南起荒沟岭、牡丹岭、富尔岭、新开岭、庆岭，北至于嵩岭。又北则威呼岭接于摩天岭。又北群山，则统于春秋岭焉。

张广才岭之主脉

主峰　　在额穆县西境，东为朱尔德河所出，西为蛟河所经。

关隘　　省东屏障，逾岭即分道。由额穆东北赴宁安，东南赴延吉，皆以此为扼塞。

附近　　岭东胡家店，岭西刘家店，夹峙岭旁。

矿产　　意气松、北大洋皆产金，南有金沙湾。

各岭　　北有威呼岭，南有庆岭，吉会铁路勘测，将来凿隧，以庆岭、威呼岭较短。

张广才岭之各支

荒沟岭北支　　屏风岭、孤岭子、大顶子、通沟岭。

牡丹岭东支　　玉皇顶、三角顶、太平山、双庙岭。

富尔岭南支　滚马岭南临夹皮沟金矿，东南迤为金银壁岭。

富尔岭西支　满天星西有猴岭，又西为红石砬。

新开岭东支　乌砬松东至林平砬。

新开岭西支　西南曰帽山、五虎石，西岭曰漂河岭，在河之北。

新开岭东北　有威呼岭一支，东至小平山、金沟。

庆岭西支　有大青背、小青背。

摩天岭东支　三块石东至马鞍山，东南大盘岭，东北龙首山至和恩山。

摩天岭北支　对头砬南有双石砬，北有旗杆顶子。

摩天岭西支　摩琳山、九十五顶子、金坑山、鸡冠岭、黄粱冈、老爷岭、连环山、云梯山、桃儿山。

第十七章　春秋岭山脉

春秋岭为蚂蜒河、阿什河分水之脊。实张岭之北干，当滨江赴海参崴①铁路所经，省北各山多由此分支。北有长春岭，各图或用为山脉之名，然山在北，长春在西，且本省同名之长春岭甚多，不如春秋岭当中东正轨，与圣经同名，将来列入名山，与他山不复。北干为大青山、火烧岭，西北有分水岭、大小团山。东干为围场荒山，至蚂蜒岭亦为铁路所经。东北为毕展窝集岭、龙爪沟岭、东老岭、套环山、老爷岭、分红岭、鸟枪顶、苏家岭。支脉繁多，已启山林之利矣。南则由茨老茅山，接于老岭也。

春秋岭之主脉

主峰　在同宾、双城、宾县三交界，乌吉密设治局在其东。

---

① 海参崴：1860年（咸丰十年），沙俄强迫清政府订立不平等的《中俄北京条约》，遂被沙俄割占。俄筑寨建港于此，改名为符拉迪沃斯托克。

南麓　笔架山像笔架之形，中有文笔峰为主，左右列峰平列如屏。

西麓　帽儿山像大帽之形。其中北曰凉帽岔。

东麓　朝阳山、老会龙山，皆直抵蚂蜒河。

北麓　老土顶子、牛心山。

春秋岭之北脉

石缝山分支　东为黑龙宫，西为松山、混元山、楸皮头山、大碴子。

大青山分支　东南虎头山、老黑顶、万宝山，北为马鞍山。

火烧岭分支　南有大红山、二红山，北有花砑。

桃儿山分支　东至柳山，北至哈拉山南天门，西至城墙砬。

春秋岭之东脉

蚂蜒岭大干　东脉东北驰，西脉连于北脉，来自茨老茅山。东为围场荒山大干。

毕展岭各支　东为账房山，西为牛样岭、长冈山、青云山、元宝山、金坑山、乾坤岭。

东老岭各支　东有阿穆达山，西有丹凤山、五顶临河，北至苏家岭。

春秋之西脉

会龙山各支　西起到盘岭、硕户德山，至老爷岭团山子。

分水岭各支　自小岭于北，至分水岭，有红石砑。

老山头各支　东北由太平山来脉，东引兴隆冈、房身冈。

第十八章　兰陵山脉

兰陵山脉为松花江、拉林河分水之脊，实张岭西北之大支。兰陵岭为兰陵河、霍伦川、蛟河三水所发源，分为四支，而以沿松花江者为大。至西北散为平原，而陇断冈连，时有小山蟠起。第一支在兰陵北，曰铃铛岭，介乎额穆、舒兰之间。西至呼兰岭及秋千岭为第二支。西过太平岭分南庆岭、双凤岭为第三支。西至老爷岭，南有海青岭，西有猴岭，衍为省城附近隔江龙潭诸山。主脉直由法特哈门，散入榆树、扶余、长岭各县境诸小山。其小白山与省城小白山同名，为各小山之枢纽云。

省城附近各山

龙潭山　省城东隔松花江，山势崔巍，林木葱郁，俯瞰江流，上有龙潭之奇观。

黄山　省东南，山当大路，俗名黄山咀，西南有改集街煤矿。

江密峰　省城对岸，江上青峰无数，此处独密，远山如画，风景特佳，为吉东孔道。

猴岭　在黄山东南，为龙潭来脉。

乱叉山　在江密峰旁。

兰陵山各支脉

玲珑岭北支　老黑顶金马山，鸡爪冈，东北有九龙口各支。

秋千岭北支　自呼兰岭北来，北至天成街。

南庆岭北支　为北庆岭，北有棒槌沟煤矿。又北有银矿山、花苑山、长寿山。

南庆岭西北　有锅盔顶、老营堆、亮甲山、长岭、新岭。

南庆岭西支　大北岔、双凤岭，其南有夹板岭。

老爷岭南支　高处曰莘草顶，南迤为海青岭、木头营、康士砬。

小白山支脉　有歪头砬、凤凰山相衔接。

榆树十二山

莲花山、北牛头山、太平山、大岭、荒山咀、柞树冈、西牛头山、龙青山、长岭、团山子。

扶余八山

长春岭、富春岭、太平山、万全山、珠山、龙凤山、大青山、莺山。

第十九章　磐石山脉

磐石山脉为松花江、伊通河分水之脊。其脉来自奉天之吉林哈达岭。初名磨盘山。嗣改名县名，而山名亦改。盖自大星岭入界，至库勒岭、马鬃岭至磨盘山。北有青石咀，东经呼兰岭铅矿，北过老毛山，有白头砬石英矿。又北至大黑山，至省西之磨盘山，衍为省城附近诸山。又北衍于吉长路之土门岭，北至官马山。其余自吉林入界者，有濛江、斐德里各支。由奉天入界者，有伊通、大石岭各支。又有农安、大岭各支。西北长岭一带平原，亦有小岭若断若续，缀其间云。

省城附近各山

小白山　省城西郊。为长白山望祭之所。鹿苑养鹿甚多，古迹极应保存。

北山　省城西北，山势高耸，双塔高耸。有玉皇、药王、关帝等庙，亭榭尤宜避暑。

玄天岭　省北最高处，东有炮台，西有真武庙，为防守重地。

望云山　南有五省会馆在其麓。

虎头山　在商埠之最北。

桃园山　有王母宫，或呼为桃源。

磐石山各支

库勒岭西支　有一步岭、均匀堡、炎山子。

老毛山东支　大青岭东至平岭、赵大鸡山、鹿岭、蚂蚁岭，北至双凤岭、铁矿山。

呼兰岭东支　铅矿山、长水冈、杉松岭、天平岭。

一步岭东支　土顶子、鸡冠山、烟筒山。

一步岭北支　将军山、光弼山、黑顶子、尖山子、大顶子、獾子洞、八卦岭、吉山、牡山。

太平山北支　大青咀、长岭子、长春岭。

斐德里山各支

五金顶子北支　半坡山、窟隆顶、七个顶子、黄泥冈、四方顶、三岔岭、二岔岭。

那尔轰岭各支　错草顶、簸箕冈、金矿、积德山、志德山。

奉天入界二支

沿边伊通边墙者　有石匠背、大孤山、大石岭三支。

沿长春长岭者　大岭最大，九条玉带、胡家岭甚长。长岭境惟团山，小坨耳。

第五篇　水　系

第二十章　黑龙江

黑龙江东吉林境内者，仅自松花江口至乌苏里江口间约五百余里。北与俄领阿穆尔省为界，今多称之为混同江者，误也。《辽史·地理志》云："长春州韶阳军，本鸭子河春猎之地，圣宗太平四年，改鸭子河为混同江。"是混同河乃松花江之称，非二水合流之称也。《金史·世纪》云："混同江亦号黑龙江。"是误以松花江为黑龙江之源，乃以下游之名被之上游。而今人又以上游之名被之下游，此其致误之原也。此五百余里，为国际河流。中外轮船上下，国防主权所系，海军部军舰所驻，洵战守重地也。

黑龙江之全势

上源　自肯特山至额尔古讷河口，完全为在俄境。

中段　为黑龙江北与俄人分界，江左外兴安岭失地，面积大于黑龙江全省。

省界　自松黑合流处，与乌黑合流处，为本省北与俄人分界。

旧界　下游至海，江北江南地方面积，倍于今日吉林，库页岛在外。

临江沿岸之重地

拉哈苏苏　即同江县城，北有莫力洪口，为轮船码头。

睦邻镇　在县东北下游，冰合俄人交易多。东有奇奇卡，下游有哈涵。

街津口　临街津河入江处，倚街津山，东有科木屯。

得勒气　东至二吉剌河，入绥远界。

绥远沿岸重地

额图山　临岸以山名为站名。

秦得利　当昂古河入江之口。

沃泥河　下游有一小溪亦入江，江心有富唐吉一岛。

色拉库街　街临小港，名曰鲟鳇鱼涵。

达子营　江汉甚多，外塔之南，上有黑鱼河，发源处曰黑鱼泡。

依里嘎山　绥远县治，负山临江，完达北麓，江中有黑瞎子沟。

耶字界牌　最东最下游，俯瞰伯利，宜经营开埠。

第二十一章　松花江

松花江即唐粟末水，一作速末。辽名鸭子河，后改混同江，金名宋瓦江。明宣德时始名松花江。以长白山北，直接天池之二道白河为正源。至上两江口汇富尔岭河，水势始大，乃名二道江。至下两江口与头道江汇流，始名松花江。西北流至扶余，折东北为吉黑两省分界，至临江县北入黑龙江。水量较黑龙江多，绵长四千余里，且上流有大森林也。上流两岸塞石耸立，流急难于行舟。清乾隆自制诗注云："松花江本以松阿哩乌拉得名，松阿哩，满语天河也。"足知粟末诸名，实皆松阿哩转音。

松花江上游全势

头道江　源在奉境濛江南，以报马川为界。东与抚松县划江分界，或名松江。

二道江　天池源在奉境。桦甸县东起柳树河，与安图县划江分界，或名桦江。

两江口　二江合流，向西北流，纳夹皮沟各细流。自是为水警之上游。

桦甸县　当八道河入江之口，对岸受辉发河巨流，下游漂河，亦于江滨成市。

拉法河　上游有蛟河市，入江向西北流，经大风门、阿什哈打，直抵省城。

松花江下游全势

乌拉街　自省城北流经哈达湾至街西，又北有溪浪河，亦可停泊。

秀水甸　江心有巴彦涵，下游有五棵树，亦临江小站。

老少沟　直接陶赖昭车站，吉长未成，此为出口。下游有五家店、喀拉木各小站。

扶余县　上游镇国公亦临江，下游老神店，汇嫩江于三岔东。自是为水警下游。

拉林河　为扶余、双城分界，江口八里冈为形势地。下游报马川入滨江界。

哈尔滨　上游有片泡、正阳河各小水入江。铁桥以东，对岸纳呼兰河，始展大轮。

阿什河　为阿城县入江大川。自此以下，对岸黑龙江省生聚亦盛，农运极便。

新甸镇　为宾县临江要地，当猴石下游，对岸木兰县，电报亦由此转。

依兰县　自方正县南天门西甸子，东流至三姓牡丹江口，德黑里亦成巨埠。

　　佳木斯　　为桦川县临江重地，江北汤原，皆以此为交通要道。

　　富克锦　　富锦县治，上游有康阜、和悦二镇，江滨屯市渐增。

　　黑河口　　当拉哈苏苏。同江县城之东，上游有翟通市。

第二十二章　乌苏里江

　　乌苏里江一名乌子，又作戊子。乌苏里者，满语天王也，昔靺鞨所居。源出东海滨锡赫特山之富勒坚窝集，以完达山脉及锡赫特山脉两间为此河之谷，江之正源出山西麓曰三道沟河，曲折西北流，右纳数小水，迄西刀毕河自左来会。再北至密山界汇松阿察河，以下始名乌苏里江。又北溢为金银泡，又北经春柏勒库歧为二派，旋合。将汇黑龙江时，其分流自左岸来汇，曰通江，至伯利始入黑龙江。江源至此约二千三百余里，自清咸丰十年北京条约割江东之地予俄，此江遂为两国之界矣。

松阿察河

　　自兴凯湖东北之吐口溢出，东北流曲折甚多，其旁有龙王庙，亦字界碑在焉。约三百余里，会于乌苏里江。吉省河流，结冰、解冰，约岁各得其半。独此河全流及入于乌苏里江之二百里间，常不结冰，盖因附近有温泉混入河中也。

大穆棱河

　　又名莫力河，源出宁安县东穆棱窝集，东北流，穆棱县治在其左岸。河水甚浅，可以徒涉。迤东北流，行察库兰岭与黄窝集山脉之间，沿岸汇纳众流，东过密山县城北，以注于乌苏里江。

诺罗河

又名挠力河，出富锦之老岭。二源并发，合而东北流，沿岸纳数小水，东北流经诺罗噶珊，北注入乌苏里江。

刀毕河

在三道沟河之西，源出锡赫特山脉南端，东北流与三道沟河合。

小穆棱河

源出苏尔得山，在大穆棱河南，东北流入乌苏里江。

七虎林河

源出七虎林山，亦简称虎林河，在虎林县南入乌苏里江。

入乌苏里江之各小水

纳库尔布新河、尼满河、瓦哈河、锡布克里河、爱心泡、西北湖、阿布钦河、鸡心河、小清河、毕拉音河、毕钦河、新开河、阿满河、牛河、青牛河、七里窝河。江口在耶字界碑东，以河之中流为界。

第二十三章 牡丹江

牡丹江无牡丹，原名穆丹乌拉，纯系译音，发源镜泊湖。大巍呼河西出于额穆，虽入镜泊湖，而非牡丹江源。敦化南界牡丹岭乃远源。《唐书》与《明一统志》所载之呼尔哈河。忽汗河，有呼里江，即总括牡丹江与大巍呼河之名。镜泊湖之北曰北湖头，为近源。东北流十余里，乃折而北流，旋折向东流，经宁安城南，再经城东折而北流，至龙首山，海兰河自西注之。海兰河一曰骇浪河，源出五常、宾县间之海兰窝集，东北流汇小水十余里注之，再北流过依兰城西二里许，入于松花江。

牡丹江之全势

南源　敦化南牡丹岭玉皇顶，北经县城，又北至通沟岭，东汇沙河，北至三岔口。

西源　额穆县大巍呼河，亦出敦化西北，至额穆县治，会朱尔德河，东至三岔口。

入湖　二源合纳小水七入于镜泊湖，其他夹溪河、石头河、二站河、小北河皆细。

中流　宁安居江之中流，纳诸水经县治，北经铁路桥，曰海林站，即海浪之转音。

下流　依兰上自宁安，通舟甚便。

牡丹江各支流

南源所汇　大荒沟、小荒沟、二道、三道荒沟皆在左，黄泥河、石头河皆在右。

沙河所汇　南有头、二、三、四道河，东有大小貂皮沟、板桥河，下游有船口。

西源所汇　小巍呼河、石头河、朱尔德河，是以水量不如南源之盛。

三岔口下　北纳马鹿沟、都林河、塔拉泡，南纳朝阳沟、大小空心木河。

湖东所汇　大小夹溪河、石头河、松阴沟、阿布河，皆流入湖。

湖西所汇　巍呼河、二站河自珍珠门入湖，小北湖合鸡蛋沟、头二道河入湖。

出湖所汇　独木河六水，泉眼头三水，苏尔倬五水。至宁安纳花脸塘道缸窑沟。

海浪河汇　横道河子、柳树河、碾子沟、万丈沟、霍伦沟、商石河、北崴子河。

铁桥以北　特林河、石头河、桦树川、小蜜蜂河、哈图河、头、二道河、飞来河。

下游所汇　江东纳小水十三，江西纳小水十一。

土城河汇　龙爪沟、额和沁河、胡水别拉河、乌斯浑河、朱伦河、西伯棱河。

伯利河汇　黑瞎子沟、莲花泡、卡伦河。

第二十四章　入松花江诸水

松花江所汇之水，有名者不下三百余。下游江北巨流，如嫩江、呼兰河、汤旺河，皆在黑龙江境；其他小水百数十，皆见《黑龙江志》。本省入松花江大川，当推牡丹江为第一，已列前章，次则为伊通河、拉林河、阿什河、蚂蜒河、倭肯河，亦自汇支流成一大川，其他则辉发等河上游均在奉天，濛江虽小，因设县著名。又其次漂河、拉法河、舒兰河、斐克图河，亦因屯镇而著名。其小者或名曰川，而报马川亦著。有二川，南在濛江，北近滨江。又小者曰沟，夹皮沟以金矿著，柳树沟、苇子沟以植物著，头道沟、二道沟以商埠著。

松花江上游入江者

头道沟　小阳河、沙河、汤河、三道花园河、濛江，会珠子河、板石河，北有大东沟。

二道沟　柳树河、大小蒲城河、富尔河，会银鱼河、蒲石河、金银壁河、五道柳树河。

两河口　大小梨树沟、夹皮沟、苇沙河、色勒河、蒿子河、加级河、万两河、八道河。

辉发河　汇奉天辉南、海龙、东平堵水。自细鳞河入界，纳石头河、金沙河。

拉法河　漂河下游，此河为巨。上游蛟河街繁盛。拉法站以下纳小水十三。

松花江下游所入者

省城以北　哈达河、九站河、鳌龙河、四家子河、波通河、舒兰河、八叉沟、盟温河，又木石河所汇有月亮泡、三角泡、黄瓜泡及小水五支。

伊通河以下　东源倒木沟，西源草皮沟。西源过县城，二源始汇。过伊通门，至长春堡，纳头道沟、二道沟，北至农安县，新开河合诸水来汇。又东北经江南镇，驿马河合双阳、德惠诸水来汇，入松花江。下游惟溪浪河、塔头泡、夹润沟各小川。

拉林河以下　正源今名兰陵河，出兰陵岭，当额穆北。东源五常之冲河、金沙河，西源舒兰之溪浪河纳榆树、双城、扶余诸水，由八里冈入江，下有报马川、片泡。

阿什河以下　石头河、沙河二源，北流经白城汇小水五至滨江下游入江。东有黑鱼泡、朝阳川、海里浑河、马蛇河、夹板河、摆渡河、寡拉川、王宝河。

蚂蜒河以下　源出蚂蜒岭。沿中东路苇沙河最要。西经一面坡又北汇乌吉密河。经同宾县治，至夹心子纳东亮子，又经方正县治入江。下游小河数十，极密。

倭肯河以下　牡丹江下游，此河最大。下游音达木河、哈达河稍大，余皆细流。

第二十五章　绥芬河

吉林绥芬河，上游在境内，有大绥芬河为之干，小绥芬河为之支，下游划入俄境，有绥芬站为铁路分歧。此河曲折入海，成为阿穆尔海湾，即海参崴巨港，赖以成市。河虽不长，然关系两国甚重。清末绥芬河上游放荒，绥芬厅之设，亦因此河得名。今绥芬河流流域，源出于汪清县绥芬甸子，会大石头河，入东宁县境。其余小绥芬河，源出额穆，流域多在东宁境内。南支瑚布图河，则为两国之交界。小瑚布图河各支，亦全在东宁境内，正干自倭字界牌入俄境焉。

大绥芬河之上源

正源　珲春界荒沟岭，有新房子，火烧沟金矿，王宝脖子金矿并重。

西源　石头河出汪清石头岭，至河西屯相会，纳太平沟，至绥芬甸子有古城。

正流　纳蛤蚂河、大黑瞎子沟、苍南沟、柞树沟、黄泥河、寒葱河、苇子沟、头二道沟。

中游　自会小绥芬河以下，纳碱场沟、大通沟、万鹿沟、大城子张三沟，至三岔口。

出界　至三岔口即县治。南会瑚图河。

小绥芬河之源流

正源　出额穆县东，铁锹背、细鳞河，汇七站北沟，南汇夹板河，入东宁县境。

东源　二源出那字界牌西，有金矿，经中东路之小站，西南流。

南支　为大东沟、万鹿沟、八道沟、寒葱河。合而北流，与东源汇合而西北流。

北源　六站北沟、红土崖沟，汇合南至六站，西源自七站来，汇合南流。

正流　自北而南，微向西曲，有金矿、屯田营。有二十八道河，合于大绥芬河。

瑚布图河之源流

正源　老松岭界碑东，以河南为界。有小国屯，昔日朝鲜属国之民自称也。

小支　亮子川银矿，杏树川、大乌蛇沟皆自西至东，入界上正流。

中支　出黄花松甸，经白刀山对头经母鹿山煤矿，入小瑚布图河。

西支　即小瑚布图河，又名太平川，又名大肚川，汇中支，与正源会。

按俄境绥芬河流域面积，可当吉林两大县地，而海参崴、双城子两名城，亦足聚当大县，惜乎吾国不早经营也。

第二十六章　图们江

图们江辽名驼门，金名统门，清康熙时率称土门，《朔方备乘》称徒门，《水道提纲》又称土们色禽，韩人称豆满，惟《圣武记》称图们，至今沿之。自辽金以来，白山黑水，屡经兵燹，穷荒僻陋，语音庞杂，双声叠韵，莫衷一是，遂将图们、土门、豆满，附会穿凿，致酿成图们交涉，实一江也。以红丹河为正源，东流至三江口汇西豆水，始名图们江。总以长白山为其正源，东北流至珲春，汇老松岭以南诸巨流，及东南折而入日本海。自发源至入海，所受之水有名者，凡百四十三支云。

图们江之正干

正源　奉天长白山天池东，汇大红丹水及小红丹水、鱼润河，入吉林界。

韩边　和龙之东南，与茂山、会宁对岸，延吉之东，珲春之西南，包举三面。

俄边　土字界牌之防川项，为图们江交界。吾国原有出图们江口，三十里路。

码头　珲春至西崴子，仅四十里，可设小轮船码头，比红旗河便利。

海口　图们江口，不如清津港，日本所以不甚经营也。

图们江之各支

和龙各支河之次第　红旗河、外马鹿沟、外六道沟、外道沟、洞子沟、外四道沟、砚芝河、高岭河、东景德河、沙金沟、东沟、大东沟、鱼明沟、火狐狸沟。

延吉布尔哈通河所汇　太平沟、挠力沟、岔条沟、簸箕沟、老头沟、朝阳河，汇海南河。

海南所汇　柳树河、窝集沟、沙金沟三支汇于山河镇，经六道沟汇和龙入河。

汪清河　亦入布尔哈通河。大汪清河、小汪清河，皆非此河源，俗名嘎雅河。

桶子沟、葡萄沟、梨树沟、牛圈沟、五华沟、百草沟。

珲春土门河所汇　土门河源出土门岭，东源出土门子，经六头沙金沟，南至高力城入江。青源子、半拉城，在大河口上游。

大肚川、朝阳沟，在大河口下游，界上有玻璃灯。

第二十七章　赫尔苏河

吉林赫尔苏河，为辽河流域。辽河有东西二源，此为东辽河上游之一支，以赫尔苏站得名。大小雅哈河，为其支河。赫尔苏站，当铁路未开时，原为要冲。伊通州设治，曾设分州。其实赫尔苏河，尚及大雅哈河之远，出奉天之西安。小雅哈河则夹小孤山，其余又有营盘沟、化树沟，皆入河小水也。南有叶赫河出自围场，至叶赫站会达子沟，又纳苇子沟、沙河子二水。最南有扣河，自奉天西丰来，有二道河一段，入界复出界，至威远堡合流，向开原焉。中国地学会旧有开辽松运河之计划，亦事在人为耳。

拟开辽松运河计划

辽河　支河河曰套河，在奉天怀德县。东距吉省新开河，不过数十里。

松花江　支河伊通河之支流，距辽河流域极近，且在大岭南，不须凿山。

运河　导东辽赫尔苏所汇诸水，入新开河。

运道　由新开河引入二道河，为长春河、孟家屯横河可用。

商货　自营口至滨江，不出于铁路，船价较廉。

吉林水利附论

森林之培护　东三省水灾，最易见者，为奉天辽河之下游，而新民为甚。观其上源，则赫尔苏门，柳边无柳，叶赫故国，乔木斩焉。近则松花江上游，亦采伐无厌，吉林水灾，亦岁以为苦焉。清明植树，勿视为具文也。

水稻之栽植　辽东豆麦之乡，经倭人内侵，正在恐慌。而旱田有引水种稻者，则邻人之好学何勤也。吉林南近辽河天暖之区，亦可试种，利厚于豆麦也。农学农场，当实行试验也。

渔权之保存　内地河流，附近居民，投钩张网，大可营业自由。若边境黑龙江、乌苏里江，则为国际河流。昔年人少，沿边千里空虚，任彼取求，今生聚渐盛，凡国际河流之渔权自应平分。

航路之疏浚　内地河流，当然任我航行，岂容外人反宾为主。松花江之标识、灯塔，昔年乃任俄人经营，今稍知自治。而黑龙江航路，彼族尚敢对我军舰、商舰施以非礼，我国民宜自有自强也。

第二十八章　湖　泽

吉林之湖泽，风景最佳者，莫如镜泊湖；面积最大者，莫若兴凯湖。皆在上源，涵蓄山泉。兴凯湖为俄人所侵，始而夺其南半，继而迁移界牌，夺我三分之二，惟小兴凯湖，完全在我境内。镜泊湖之北有莲花泡，其西北有小北湖。其次则德惠县三角泡、月亮泡三湖相连，他如长春西之冰泡，长岭西之十二泡子，亦甚广阔。饶河有大泡子，实不甚大，新城之塔头泡虽小，而风景可观。其余浅浊哈汤，谓之行潦，不足以言湖泽，其余小泡子，则池塘耳。

镜泊湖之胜迹

镜泊湖即渤海五郡所临之忽汗海也，又称毕尔腾湖，或湄沱湖，在宁安县西南一百十里。吉林内地湖泽，厥推此为巨浸。长九十八里。其广不等，有二十余里者，尚有不足十里者。两岸之山，如犬牙相错，每值夏际，则荷萍覆水中，有老鹳、道士、大孤、小孤四山。道士、小孤两山之间，有岩曰真珠门。大孤山矗立湖中为圆锥形，颇与日本富士山相似，高出湖面七百余尺，山阳有平原数武，上建古刹，松柏环立，清幽异常，盛夏前往避暑者颇多。湖之西南大巍呼河入焉，河水入湖之处有一崖曰呼克图峰，湖水东注自东北泻出，飞瀑跳空，骇浪雷吼，声闻数十里外，土人名之曰发库，亦称水海，或吊水楼，即瀑布之意也。俗传金某公主墓即在瀑中，其棺以铁为之，并有珍宝，牡丹江即源于此。札津、松吉阿布、毕拉罕诸河，环入于湖。以故湖滨之地，土壤膏腴，农垦发达。而此湖之鲫鱼最有名。

兴凯湖

一名新开湖，在宁安东四百里。湖形椭圆，北广南窄，东西约百里，南北约百四十里，周八百里，深处十四五尺，浅处五六尺，底为沙泥。东南两崖，芦苇丛生，西岸多山，丘陵起伏，北岸沙石，积成高陇，树木繁茂，连亘于大小二湖间而成地峡。其北之小兴凯湖，一名达巴达库。原为一湖，中有小屿屏立，因风浪搏击，泥沙壅起，遂分为二。入湖之水凡十，曰：半泡子河、雷风河、横道河、毛尔毕河、南岔河，北岔河、网房子河、夕阳河、乌札库河、白棱河。入小湖之水凡三，曰：小黑河、成子河、梨树沟河，皆盛产鱼类，蚌珠、水獭尤为珍品。清咸丰十年，中俄条约，湖之大半皆归于俄矣。

第六篇　地　质

第二十九章　地　层

　　吉林地质，未经详查，近年因矿区探勘，对于地质，亦知注意。约而言之，可分三部：东北东南两路，以地质下部之深造，岩类所占区域甚广。识者谓长白山脉之太古层，直贯山东之泰山，须俟专测。西南路则为古生界，暨中生界岩石，而间以古生界之变成岩。西北路以中生界之岩，暨火山岩为最多，拓为平原新生之冲积层，此其大概也。石炭纪最显著。全省地势，东北高而西南低。愈高则地层愈古，而峻岭阻险，调查不易，略就矿山地质考之，仍弗备也。

　　马家沟地质　中生纪砂岩，附近天然断层，现出岩层，均属浅灰色，砂岩中夹灰色或黑色页岩两岩，层积整然，煤层即夹其中。砂岩中石英细粒，内含少量石灰，其黏结力甚微，经风化则散。

　　火石岭地质　地层黄土七丈，煤层八寸。页岩十尺，天青石六丈，石灰岩一丈五，煤层九尺。页岩一丈五，砂岩九尺。石灰岩甚深，天青石重晶夹硫磺。

　　前岩地质　煤田似属侏罗纪，最上部为合子岩，再下为砂岩，接近煤层为泥板岩。西南石人山石英闪绿岩，喷出多量铁质，煤层由此截断。

　　缸窑地质　倾斜石层，受造山力变迁，煤层夹于灰色砂质页岩，似属侏罗纪。

磐石五道沟地质　倾斜作马鞍式波状，或为盆形，煤层夹于灰色砂岩及黑色页岩之间。

延吉县老头沟地质　砂岩、页岩，附近两旁为片麻岩，含炭层在砂岩之下，煤共五层，砂土下有海水沉淀之片麻。

和龙汉王山地质　杉松背一带，多花冈岩，而朝阳洞至稽查处，则为砂土砾土，沙土中含有海虫化石，煤层似石灰系，硫质甚多。

桦甸夹皮沟地质　母岩系眼状结晶片麻岩，山麓有闪绿岩脉，花冈岩脉似已在原始界，片麻岩主要成分呈板状之乳白色，石英含有肉红、柘榴、黄白各色云母并缘泥石渐有辉石，见有黄铜、黄铁，即采取备淘洗。

栗子沟地质岩　花冈岩有微粒，酸性，眼状片麻岩下，金砂层三尺，石英含云母甚多。

第三十章　岩　石

吉林地质岩石可考者，以德林石为最奇。块然巨物，当推大中华第一大石，他省未有。西洋人游历者，亦谓为世界第一大石焉。惟石厚若干层，尚未深考，是以首列之。吉林石质之有用者，莫重于石灰及青石，建筑所资焉。双阳石头坑，宾县老山头，绥远马牛处、克拉木，同江伊犁冈，皆人民倚石矿为生计也。伐石烧炭循守古法，岁亦有余利焉。至于地质之岩石，采取不多，而动植物化石尤罕见。愿各校修学旅行，先为采集，以为标本，则岩石标本亦自重要也。三姓金矿，有圆章印石。省北三山，皆有墨晶，制眼镜焉。

德林石之奇观

宁安西南，有黑石扑地，一望无垠者，满人称之曰德林倭赫，倭赫译言石也。通称石头甸子，又称石头坑子，分南北二支，中以牡丹江为限。北支起自鄂摩和湖之东，环绕沙兰站之南。南支起自牛厂，盘驻于东京城之北，而同至于呼尔哈发库之下。其广数里，或二十余里不等，其袤计百余里。石平如砥，背面亦然，孔洞大小不可数计，其形或圆，或方，或六隅，或八隅，如井，如盆，如池，或口如盂，而中如洞，或周如壁而底如镜，或口狭而内广，或口崎岖而内坦平，深数尺以至数丈。中或有泉澄然凝碧，夏无蚊蚋，马鹿群嬉。石缝中常有鱼跃出。甸上草木皆异，黄蒿松即生其处，车马行其上，如闻空洞之声。石或少损，即有水从罅流出，探之深不可测。迄西十余里，有名海眼者，季春冰泮，水流石下，声如雷吼，即平日亦声闻十余里外。渤海德理镇在其旁，而德理亦即德林之音讹也。按此石之广袤，似非人力所能造，但孔洞之奇妙，亦绝非天然所能，故土人谓为古代穴居遗迹，盖亦有本耳。

松花玉

产松花下游，色净白，细腻温润，今惟兴凯湖旁有之，五色如雨花石。

吉林常见之岩石

石英　产金母岩，延吉一带多有。

石灰岩　为铁矿母岩，伊通高台子多闻。

玄武岩　覆于山岳之上，分布最广。

海百合化石　古生物界，出磐石铜矿。

片麻岩　花冈岩崩坏成金矿床。

萤石　椅子山铜矿，含有少许。

安山岩　马鞍山铜佛寺恒见之。

页岩　煤矿中多有之。

云母岩　矿工谓之飞金，各矿皆有。

砂岩　煤矿附近。

第三十一章　煤　田

吉林煤田，亘古未开。有清嘉庆二十三年（1818），将军富俊，始奏准开采缸窑、田家屯、营盘沟、波泥河、胡家屯。道光元年（1821），又开荒山子、三道沟、下二台、西南山坡等处，同治七年（1868），将军富明阿请采火石岭子煤窑七座，户部议恐伤山脉，碍风水，伏莽难稽，奏请一并封禁。前此矿税每年征银十七两六钱零八厘，中央视之极轻。光绪六年（1880），将军铭安奏准开石碑岭、大苇子沟、锅盔顶子、柳树河子。七年，采大石头顶子、陶家屯、乱泥沟、二道河子、半拉窝集、荒山子、长岭子。省城附近煤田渐辟。自改省制行新政，所开日盛，无处无之。

煤田之发见者

领照开采　吉林马家沟、火石岭子、石人山、前窑，桦甸苏密沟，磐石三、四、五道沟，东宁大佛岭，额穆望宝山、奶子山、滥泥沟，密山头道沟，双阳大顶子。

领照探勘　宾县虎头山、和龙三道沟、黑瞎子沟、土山子沟。

领小矿业照　舒兰韩家沟、二道沟、小顶子、地局子各一，棒槌沟六家。

注销停办　吉林太阳沟，伊通官才沟，宾县岔沟，密山大西坡，东宁小绥芬、大乌蛇沟、五虎林、小北沟，穆棱马家河。

未核准者　吉林老煤窑、改集街、喜庆寺、董家沟，伊通沙河子、冻青树。

哈尔滨附近之煤矿

哈尔滨为铁路中心，有火磨面厂六处，需煤甚多。距滨五十里，即产无烟煤，绵亘十余里。俄人从事开采，华人乐用，利权外溢云。

一面坡煤矿　在铁路东十九里，光绪三十三年（1907），俄人派工程师开采。

乌吉密煤矿　俄人开路，就车站筑轻便铁路至矿山，专为运煤之用。工则华人居其大半。

延吉附近之煤矿

铜佛寺平野，北跨十数里老头沟一带，塂口数十。煤质甚粗，一经风化，即成土色。煤厚四层，不杂石质，坑洞深凿则渐见优良，硬度亦随以增加，若天宝山附近之煤矿，则适于制造煤焦，以作将来熔化铁质之用。东宁、珲春，产此尤富。

第七篇 建 置

第三十二章 省 垣

吉林省城，与各省特异者，即遍地皆大木横铺，无异地板。车行其上无泥深没辙之苦，天晴亦少风尘。盖昔年木植太多，供过于求，是以屈栋梁之材，以代砖石，惟遇火灾，则干燥引火，遍地连接，不易施救。近因大火以后，改筑马路矣。然两旁水沟，仍以木代石，为行人便道。城如偃月式，前以松花江为池，不复筑城。城外人家殷盛，与城内无异。商埠、车站毕在东关外，旧名向阳屯。城内通天街、粮米行、北大街、河南街、尚仪街，皆巨商所萃。城内熙春里，城外德胜街，因奢侈而繁华，必如是而进化耶。

新开门 原有八门，曰迎恩、福绥、德胜、致和、北极、巴尔虎、朝阳、东莱，今合新开门为九。盖铁路自西自北而东，因大、小东门出入仍不便，于是有新开门，并未另筑城，不设城楼，惟以铁栅栏为启闭之用。计全城延长约七里。

区画 昔年城内惟西门较盛，东门内犹多菜园。不及十年，铁路成而东门尤繁盛。城内二区，城外三区，足见新拓区域，两倍于旧日区域也。

省城各机关之地址

省长公署 大江沿，规制崇闳，军节兼驻。

交涉署　城安胡同，模仿西式，邻近多倭人营业。

财政厅　通天街。

教育厅　官胡同。

实业厅　第一楼后胡同。

高等审判、检察厅　安平胡同。

征收局　通天街。

木税局　西关五区前。

烟酒公卖局　粮米行。

印花税处　牛马行。

吉林县署　官胡同。东有财务处、征收局、保安队，西为警察所，规模均备。

地方审判、检察厅　安居胡同。

模范监狱　安平胡同。售品所在河南街。

第三十三章　巨　埠

吉林巨埠，哈尔滨、宽城子，皆农商平民所定之名，虽俄兵南犯，倭寇内侵，莫能易焉。今国家定为滨江、长春道县，而交通轮路邮电仍用原名。哈埠、宽庄，虽省文亦可代用，足见吾民意所公用者，确不可移。世俗但知俄轨通行以后，哈尔滨始盛；日夺南满，长春始盛。不知当年造路，全赖华工，俄人资本，恃纸币羌帖，吾国民则实由血汗为资本也。延吉局子街，吾民所集为重镇，而倭人则重在龙井村，中外竞争可见也。旧日各副都统治所，惟依兰道县则已，其余副署夷于县署，非新民发展之地也。

巨埠不及省垣者

天时　哈埠最富，比较省城在北，气候较寒，俄人来自冰洋，则以为暖。

地势　哈埠在江南，其北不如省城有北大山屏蔽。长春亦在柳边外，北无屏蔽。

人民　哈埠、长春，可立致巨富。一经失败，立即他徙，不比省城有世家为中坚。

物价　哈埠比长春贵，先染欧风。长春比省城贵，近邻倭习，省城犹守俭约。

风俗　哈埠中俄杂处，法律难施。长春奸商，倚租界为护符。省城人民，均畏国法。

巨埠成立之原因

大川交汇　冲积平原，可为坦道，规画衢市，亦觉整齐。哈埠在松花江下流、呼兰河交汇处，天然有三路交通。长春临伊通河，天然不如哈埠，及开路后，哈埠轮船由三路来，无异三枝路也。安徽蚌埠，得长、淮之助也。

铁路交点　俄人经营哈埠，东达海参崴铁路为干路，南至旅顺青泥洼铁路为枝路，皆长驾远驭以至于海。长春初亦寻常大站，自分东清、南满，再建吉长，始为三岔口。惜辽源之路，不由此分歧为四达之衢，不若河南之郑州也。

金融所集　吉林之金融，以哈埠为主，长春次之，省城又次之，不足怪也。巨商既成，各国银行皆至中国交通银行，亦不能不以巨埠为主。如江苏南京不如上海；湖北武昌不如汉口。操吉江两省之权在哈埠，其实权则在犹太人也。

工厂所宜　巨埠必有大工厂，吸收大宗原料，生货入埠，熟货出埠。哈埠开始，先有华商一烧锅、一油坊，皆工厂，俄商至则火磨林立，远输欧洲。长春工厂亦不及哈埠之多，哈埠除倭商外，英、美、意、法、德、丹、捷克商工业凡四十三家。

第三十四章　城　邑

吉林各县，类多新造，移垦之民，成邑成都，因天之时，分地之利，尤在得人以和。古城何以废乎，新邑何以兴乎，亦在吾民之聚散而已。天有水旱之灾，地有沧桑之变，人事不修，则种族不保。兵革流离，尤为民困。苟能祈天永命，得十载告丰，盗贼不作，吾知吉林旷土日辟，不让直、鲁、豫各领百余县也。拉林放荒，而民趋于双城。宾州、五常，初设民治，不能不从民望也。腹地由厅升府，今为大县焉。长、农、德惠，西出蒙荒，亦比于内地。旧属韩民，托命延、珲、汪、和各县，亦成邑聚焉，而列县亦同时进化也。

城邑成立之原因

农产物质荟萃　能吸收二百里以内粮食买卖，即具有县治之资格。

工匠人所营业　烧锅、油坊为大工业，各县每先有烧锅，后设县治。

商人少而有信　由跑腿摆摊出身，自小商贩成大商业领袖商会者，在信实耳。

交通之便利处　铁路设站，轮船立码头，皆商贾所聚，每因以设治。

全境适中之心　全境已垦多半，就适中之地划留街基。

城邑成立与政治关系

招垦　招垦局为建设第一次，设局时或只有一二民户稍大者。

设治　招垦既毕，以收入荒价，为经营之用，多改设治局，规划街基，或先设分防。

改县　多就设治局改。先请建修衙署、监狱，地方民居日多，渐成街市，署前较盛。

讼狱　乡民好讼，县治为讼狱所归，守候需时，旅店、饮食店，生意先发达。

完粮　良民完纳租税，必入城办理，或自卖粮石，买年货，地愈开则街市愈盛。

驻军　军威果振，兵在城，四乡不敢匪匪，税局各机关亦继至。

城邑成立与民生关系

富民　乡居防盗，城居较安，佃户纳租谷在市上变价，可以足用，或兼营商业。

贫民　乡居无田，在城内有小手艺、小资本，皆可获利，徒手亦可卖工。

士族　中人之家，子弟好学，城内有高等小学可升，见闻较广。

雇佣　依人而食，不能作乡下劳工，甘在城内为人帮忙，一入衙门，便成奴隶。闲人自茶坊酒店，为聚合所。有戏园、妓馆，则附以衣食，烟赌犯法，多此辈为之。

第三十五章　村　屯

吉林旧日多旗屯，即屯田戍边之意，其聚居犹汉人之村也。一村屯之结合，为一县一省一国之基，缔造多艰，不可忘前人之功也。盖洪荒 泱漭，四无界限，与木石居，与鹿豕游。掘地为窝，架棚其上，谓之窝 棚。今村中大厦相连，而仍名曰窝棚，不忘本也。三家子，四家子，或 为进为百家、千家之村镇矣。因自然地理为村名者，或曰山、曰岭、曰 砬子、曰河、曰沟、曰泡，因人为地名者，曰井、曰堡、曰站、曰窑、 曰营、曰店、曰庄、曰庙、曰寺、曰社、曰街、曰房，或别以大小前后 及数目方向之字，或用道德典重之语，则民之习惯也。

将军富俊屯田之伟绩

双城蔡运升谓：前史所未有，户籍之密，新法令所不及。

编屯　每旗五屯，相距各四里半，各有堡、有濠，整齐方罫，如美 洲之新邦。

编户　每屯二十四家，设有屯长。生死必报，丁口无匿无漏，征兵 立集，盗贼不犯。

屯式　分三道街，十字中心有井，四围有菜园，屯外有公用牧场及 墓地。

授田　每家授田三十垧，能尽心耕作，无不家给人足。

移民　由公帑支给，赋税极轻，是以安居。汉民亦闻风自至，文化 日兴。

各村垦户开创之事业

领荒　垦民自备地价，具呈垦务局承领。始时多小户，嗣后恒有揽 头，包领大段。

丈放　垦务局长委派司书局丁，随同局员挨段丈放，领户随同到段， 认明四至。

大照　领有大照，官产始为民有。一切守候之费、旅行之费，及各项小费甚繁。

分地　单家小户，不易领地，从揽头分领。正价以外，有昂数倍者，为移垦障碍。

造屋　为开荒之本。公家或预留村屯之基，以便聚居。

打井　民非水火不生活，造屋之处，必先打井，柴草则易取。

牛犁　移民偕之动物为牛，器械为犁杖，为村屯必需物。

籽种　披除榛莽，以植百谷。相地所宜，轮年播获。

食粮　未收获以前，必备半载之粮。惜秋收后有得粮变价，回原籍者。

招佃　一家自种有限，凡无力领地者，则承垦他人之地，自备牛种为佃户。

傍青　单人出关，住同乡亲友家，为之农作，是为傍青。亦有久而自立成富户者。

成家　举室移徙者甚少，大抵男丁开地已成，造屋亦多，始移家新村。

第三十六章　古　迹

吉林古迹，省城不如阿城、宁安之多。阿城之白城子，宁安之东京城，盖此邦古迹，由金源上溯渤海、契丹为止。若和龙有汉王城，实系汗王城，为可汗点兵之地。吴大澂勘界吉边，得汉度辽将军古印，汉时将军何人至此，殆不可考。若夫五国、黄龙，考古者多附会。古城极多，不复再考古名，不得不因得后人之俗称，至于口碑所传，如乌拉城之百花公主点将台，不见于正史，并不见于小说，既确有其地，当日必有其人，此方志疏漏也。长春东北刘家城子、朱家城子，以古城而系后人之姓焉，亦废而复兴之象乎。

阿城之白城子

金会宁府故址，在今阿城县南五里，俗呼白城子。四城可辨，西南两面，纵横各十里，东北两面，缩进五里。城南三里，有土台二，一名点将台，一名斩将台。有六棱石塔，上刊上京会宁府宝胜寺僧人某碑，可辨者三十九字，有天庆（辽天祚帝1111—1120）、皇统（金熙宗1141—1149）年号。土人相传二百年前，城垣完好，自阿城发达，争运石料建筑，今掘地稍深，犹得古铜器，金人破汴京所得也。

宁安之古迹

东京　渤海时代上京龙泉府治。渤海王大钦茂徙于此，为五京之一。在宁安西南六十里沙兰南，有旧城址，天东小记，作大苴城。西南傍镜泊湖，左滨牡丹江，周四十里内外。城高丈余，内有宫殿三重，八宝琉璃井，石兽色白如玉云。

三陵屯　县治西南有古墓三，在屯东丛林中院约三洞。进口有石梯，愈下愈长，渐进渐暗，相传为渤海王墓，亦谓为金代某女王墓者。千年建筑，留遗至此，探矿者及东洋教习，皆入内探视。

上马莲河古城　在马莲河之上流，为古肃慎城。约周六里，街道宛然，宫殿已没，远望之如万家屯集，诚昔日重镇也。

哈达湾　在牡丹江右岸东京之东北，城周二里，废垒仅存，俗呼为高丽城。

富太密　在三通河北七十里，有富太密城，周四里，壁垒殿址，今尚显明。

三通河　滨三通河南岸，有四方形古城，周约八里，地址浮起，隐约可辨。

第八篇　气　候

第三十七章　风　向

吉林西部，四时多风，盖近于蒙古之沙漠，春风尤甚，或竟日不息，居民不能燃灶，则炉爨为良。锡赫特山屏障于东，长白山耸峙于南，自黄海、日本海所来之风，皆阻于峻岭，不得海洋气候之调剂，朔风吹来，反无所阻，故气候寒冷。全省气候亦不一致，略分三部：中部以吉林为中心；北部以滨江为中心；南部以延吉为中心。中部风少。北部则纯为大陆气候，春风狂吹，尘沙蔽天。南部气候与中部虽无大差，而冬季气压最高，冷风时起，秋冬风寒，乘车愈快，风扑面益严，刺骨砭肌，背风步行者，或不觉也。

风向与航空之关系

长春二道沟车站，有日本陆军飞行队，飞机四架，由所泽飞来。十年九月二十七日，为大风所阻，展至三十日，又为风雨、大雾所阻，天气晴霁，飞行队长樋口氏，决于十月六日，飞行来长。嗟呼，天时不顺，足挫狂谋。苟静待时机，则一发立至，关东健儿，勿徒恃天眷，必克尽人力也。

风向与晴阴寒暖变迁

晴天　虽届深秋，而大风经树木发大声，亦吹面不寒。

阴天　风不鸣条，然寒来如剪，乘快车愈招风，耳鼻先冷。

风向与炭气之关系

炕烟　南省只有厨中炊烟，吉省烧炕取暖，数倍于作饭，所发炭气亦数倍。

炉烟　巨炉之外，小铁炉尤多，随处发生炭气，夜间黄雾似英伦小工厂。

炭烟　木炭气最坏，容易熏人，各室必开通气管。

风向与阴晴比较

东　东隔大岭，是以省城东风少，延吉东风较多，生物较早。

西　西风时易降雨，松花下游，水蒸气所凝。

南　天气晴暖，南风偏西即阴。

北　虽晴亦寒，虽夏亦凉，亦有晴日。

农校附设第一农场，气象观测，每十日一报，并据老农之说如上。

第三十八章　雨雪量

吉林北境松花江，重阳后即见雪花飞舞，河水生凌，小雪后江冰坚凝，可通车马。夏秋之交，雨水即盛，而以中秋为最大。中部多雨，冬季气候干燥，春日或一月无雨，而夏日则常湿润，农作物故生长颇速。北部七、八月间为梅雨之期，阴雨连绵，雨量极多，七月下旬，已见初霜。南部则雨雪较少，阴历六、七、八三月，为梅雨期，八月下旬，即见初霜。年景佳则霜雪迟，秋雨害稼，并妨渔业。连阴之后继以大雾，则大豆有减收三成者，道路泥泞，商人运货亦苦疲滞云。

降水量

吉林　全年二十八尺六寸。雨期时，一日中之最大降水量，四尺二寸。

长春　全年二十六尺四寸。雨期时，一日中之最大降水量，二尺三寸八。

每年各种天候之日数

吉林　雪四二，霰五。

滨江　雪五一，雨一二六，冰一九二。

长春　雪五〇，霰三，雹一，雷四二，浓雾九，霜一六四。

延吉　雪二九，雨九六，晴八三。

增水期及减冰期

在解冰间，各河川水量均增多，尔后则渐次低减。迨入秋后，则凡雨期中，山中冰雪亦溶解，遂发生大泛滥。陆上车辆反难交通，水运乃极繁盛。秋末江水骤减，则多生浅濑，极难航行。

省城江沿水量之增减

省城松花江底，比街市约低三十尺。平常水量，最深处不过十尺。江水涨时，可至十二尺。宽狭不一，最宽者大约不下二千尺。

雪期及雪量

雪期与冰期　积雪恒在立冬前，结冰封江恒在立冬后。

积雪与融雪　初积之雪见日即融，檐溜沟流，微添河涨，深山早雪次年始融。

积雪之高厚　有高三尺者，龙江无此高，雪片亦较龙江大，因雨量多于龙江也。

第三十九章　温　度

吉林柳边内外，自西趋北，松岭山脉环匝而东。高宗《进英额门诗序》谓：山阴山阳，气候迥异，即长城亦然。长春适居边外，入冬故恒苦寒，东距省垣不逾经线一度，然据摄氏表较量，温度率升降各判。盖吉垣反居小白山麓，以形势论，又旁高而中下，系盆地，异于长春之平源坦露也。松花江滨，气候如方正县，严冬恒在华氏零度下，盛暑升至八十余度。晴日占十之五，阴日占十之三，雨日十之二。全省以珲春气候最暖，盖居省之南部而距海又近也。

吉林各地之温度

吉林　寒时，摄氏零下三十四度。暑时，摄氏三十四度。

滨江　寒时，摄氏零下三十九度。暑时，摄氏三十四度。

长春　寒时，摄氏零下三十四度五。暑时，摄氏三十一度六。

延吉　寒时，摄氏零下十七度。暑时，摄氏二十一度。

结冰期及解冰期

头道沟及二道沟　立冬后结冰，芒种前解冰。

吉林附近　冬至时结冰，立夏后解冰。

滨江附近　大雪时结冰，立夏后解冰。

牡丹江　小雪后结冰，立夏后解冰。

松花江坚冰后，可行重车，然向阳处终有冰孔。立春后，冰孔乃全实，故刨参者于此时，方沿冰用扒犁送米入山，至清明节前后冰泮，但夏历二月清明则冰解在节前，三月清明则冰解在节后，历验不爽，亦奇事也。

中部之温度

夏季暑热，冬季酷寒，夏冬两期最长，春秋二期较短。大抵夏季即由六月至八月之间，以七月为最热。冬季即由十一月至三月，以正月为最寒。

北部之温度

夏暑冬寒，春秋两季最短，冬季最长，即四、五月为春季，六、七、八为夏季，九、十为秋季，余皆为冬季。

南部之温度

与中部无大异，延吉一带，夏秋产莲花、螃蟹，为各属所无，仍兼有海洋气候。

第九篇　物　产

第四十章　矿　物

　　吉林实业厅，最近有《矿物纪略》出版，全境矿产丰厚，官营各矿如依兰黑背山，桦川东沟，金矿二处。磐石青石咀、圈儿河，铜矿二处。其公司之现存者，则有吉林之东原、裕吉，桦甸之源兴，磐石之大亨、天成，额穆之吉林，皆经营煤矿。磐石之东兴，桦川之振兴，皆经营金矿。余皆私人代表，旧日吉利、振亚、密西、中兴各煤矿，及兴华玻璃公司石英矿，现已停办。若天宝山有日商合办，小绥芬河有俄商合办，望宝山有英商合办，国家领土主权之关系，不可不慎也。

　　金　吉林有驼佛、别墙缝、扇车山、当河、窝瓜地、半拉山门、南山、夹皮沟、桦树林、木奇河、三道江、大沙河、古洞江、辉发河、八道河、三道霍伦、梯子沟等十七处。延吉有柳树河、七八道沟、东四五道沟、洒金沟、西北岔寿沟、蜂蜜沟等六处。依兰有三道河子、榆林冈、南线毛、黑脊、石门子、太平沟、桦皮沟、楸皮沟等八处。宾县有黑龙宫、一面坡、乌吉密等三处。宁安有小绥芬、牡丹江岸、大营、马家、小金山、万鹿沟、黄泥河、五虎林、凉水泉子等九处。不能备载。

　　银　吉林有柳树河、呼降川二处。延吉天宝山最盛时，日得银八百两，有银铜事务所，中和公司移归南满大兴合名会社，矿区延长五里，至簸箕沟。

铜　磐石有富太河、朝西山、石嘴子等三处。石咀山、椅子山、圈儿岭尤重，桦甸、皮州哨均产铜。

铁　吉林有牛头山、大猪圈、蓝旗屯，延吉稽查处，依兰桦子山，磐石映壁。

铅　伊通朝阳沟，东宁亮子川，额穆马鹿沟、地宝山。

锑　吉林有呼兰川、滥泥沟、大尖山等三处。

笔铅　磐石仙人洞、崴子屯。

锰　伊通画匠沟屯。

水晶　吉林有西石砬子、石道河子、帽儿山等三处。

石英　吉林江东大、小白石砬子，兴华公司采以制造玻璃。

颜料　延吉西北瓮声砬子小沟内，有地五坰，其土可染灰布，倭人拟出价六千。

瓷土　省西北二十里，可烧瓷，不佳，双阳钱家屯、板子窝集瓷土甚多。

第四十一章　植　物

吉林植物，莫贵于老山人参。猎夫樵子旷途无意中得之，略似人形，谓之曰棒槌，若未成老参，移植家中，谓之移山参；由家庭园圃栽种者，则谓秧子参；又有所谓冲参者，亦产于山，而次于老山参。《盛京通志》则以时分之：初夏得者曰芽参，花时得者曰朵子参，霜后得者曰黄草参。参须、参叶、参子、参膏，无不珍之。乌拉草最多，虽关东皆产，然吉林为乌拉国，所产特佳。土人冬日装入靴鞋，则脚底生春。南方人来，用乌拉草为床垫、椅垫，其暖性更暖如棉也。

吉林之农产

大豆　为满洲特产，行销欧洲。豆食品类极多，本地但制豆油、豆饼、豆腐、豆酱等。其余元豆、小豆、绿豆、黑豆、豌豆、豇豆甚多，平均播种与收获之者为三十六。

小麦　省城各县，多有面粉公司，每处每日磨麦百担，面五千斤。收获二十八倍，其余大麦、荞麦、铃铛麦亦盛。

玉蜀黍　磐石出产最多，平均播种与收获之者为八十五。为山地平民食品。

黄烟　产于宁安镜泊湖南岸，地名南湖头，叶大而黄，味清而香。取其叶制成烟砖，吉省人以为赠品，为他处所不及，此外尚有南山、东山、台片、汤头沟名称。

线麻　质坚，苘麻次之。吉林城栽种麻甚多，每岁所收不减于烟。秋后贩者烟、麻并买，转运内地，名麻烟客，为吉林出产大宗。岁计值银百余万两。

蓝靛　本地染料，为洋蓝所夺。

高粱　为烧锅造酒之要品。省城人用高粱米和云豆煮粥。

瓜类　西瓜至中秋节始成熟，他如黄瓜、倭瓜、香瓜皆然。立冬时尚有食西瓜者。

菜类　白菜最著，萝卜亦佳。他如豆荚、香菜、菠菜、蓬蒿、葱、韭、蒜、芥、茄皆备。

木类　杨、柳、椴、柞、松、榆、榛、槐、桦、桧、楸、柏等木。松树更产松子，桦树可用桦皮。

高丽果　满语称为伊勒哈穆克，生匍匐茎，叶脉网状。季春开花结果，仲夏成熟。果形与桑葚略同，大与樱桃等，色鲜红，味清香，为果实之最美者。但成熟之后，不能久存，久则腐化，故不能运往境外。产于宁安东南二山，德林石中亦多。

野葡萄　比内地葡萄小，野生，东山极多，农校用以造酒。

第四十二章　动　物

吉林动物标本，皆剥制，摄影成书，大火以后尽毁。然多寻常物，若特产鸟，当推海东青，身高三尺，其喙如铁钩，飞翔极高，能擒天鹅、捕兔，尤以纯白者为上。其次则为雕，称禽中之虎，巢峭壁间，其尾可以为扇。兽类以罴为最巨，乾隆巡幸时，射得重千余斤，猛于虎豹，其皮存于雍和宫。狐、貂、灰鼠、水獭皆以皮纯贵，可用以为裘。鹿类极繁，以鹿茸为珍贵之补药。水中鱼类极繁，以二船或四船系网，船首相向而行，一举而得数百斤。松花江白鱼名动京师，牡丹江鲫鱼异常肥美，可与鳟、鳇、鲤鱼相垺。惟介类较少。

吉林之特产

蛤士蟆　长白山溪谷中产之，形似蛙，体滑色黑。尻无窍不辨雌雄，饮而不良，不能排泄，秋深木腹辄彭亨，累累僵死。新雨后腹自生涎，雌雄黏合，虽力劈之不解，涎尽乃离，即为其交尾期，但不孵卵，其遗种何由，卒莫能明也。剖之腹中，满贮细粒之黑砂，有类炭屑。两肋有脂肪质独莹白，用水漂浸，即浮涨，色愈洁白如凝脂，和以盐糖，医云有润胃、养阴之功用。惟自古方药不载云。

东珠　生蛤中，牡丹江上游多。宁安南有珍珠河，蛤插立沙内如排列，采珠人每于仲秋结群而出，谓之珠轩。挨次拾取，以热水略炙其壳，去肉取珠，肉不可食，但得珠耳。大者如弹，小者如豆。愈大愈光圆，微带青色，中间恒有一纹，雅不及南珠之莹白。宋崇道、熙宁间，谓之北珠，见《北盟汇编》。

貂　毛根色青者曰青鞊，毛根略紫曰紫鞊，毛根灰白为草鞊。紫鞊产三姓东，为最上品。盖气候愈寒，则毛色愈纯厚，故三姓之皮张最良，不独貂皮为然。

熊　俗名黑瞎子，因额上有毛，常拂其眼。山中遇熊，绕树曲行，则熊不能追及。猎夫善捕熊，生致之，或教以戏法。杀熊则先取熊掌为珍味，熊胆亦良药。

虎　虎林县山川皆以虎林得名，产虎最多。其余各大山亦有之。今获生虎槛送京师，陈列于农业试验场之动物园。

鹿　茸为良药，有锯角、砍角之分，锯角价值较低，砍角极昂。万鹿沟孳生最盛。祭天、祀孔之祭品。有鹿脯、鹿醢，他省所难得，吉省所易得也。

第十篇　政　治

第四十三章　省　署_{采吉林省长公署办事章程}

吉林省行政公署，在省城西江沿，临松花江形势壮阔之地，建筑闳壮。民国以来，官制屡改，由都督、民政长、巡按使改称省长，组成公署，监督吉林全省一切政务，依修正省制设政务厅，共分四科，附旗蒙科为五科。每科二课，共分十课，科设科长，课设课长，酌设科员。又设参议、秘书二处，佐理省长。及设电报处，专派译电员。厅长承省长之命，综核全厅文件，科长承厅长之命，综核全科文件，课长赞助科长主办本课稿件，科员分拟本课稿件，如身之使臂，臂之使指焉，用以收行政敏速之效云。

政务厅各科之组织

第一科

第一课　监督财政，司法、任免、奖励、保存文卷、编辑公报。

第二课　收发文件、监印、校对、发行公报、会计、庶务。

第二科

第一课　选举、自治、公团、赈恤、褒扬、慈善、征兵、户籍、礼俗、祠祭、典礼、内务、行政。

第二课　警察、保卫团、游巡队、著作出版、医院防疫、禁烟、官产、道路、堤防、缉匪。

第三科

第一课 对外宣战、媾和、特别紧急、外宾交际、各国国庆、国讳及国际礼仪。

第二课 外交领事官之优待、铁路合同、免税、关税、界务、教务、商务、游历、词讼。

第四科

第一课 地方教育行政一切事项、学校成立、变更、废止，办学考成、处分经费。

第二课 垦务、清丈、升科、街基、官产、矿务、银行、工厂、商团、硝磺、邮电、航路。

旗蒙科

第一课 旗官铨叙、旗兵补薪、旗人生计、俸饷、工艺、官荫、教育、恤赏、公产、改籍。

第二课 蒙务行政、教育、田赋、封爵、疆域、典礼、招待、调查、荒务、喇嘛、翻译蒙文。

行政会议

凡关于全体重要之事件，则会议施行。

第四十四章　道　署

吉林四道，无一不关系外交。四道分列四隅：西北滨江，西南长春，东南延吉，皆新开辟之巨埠，东北依兰临松花江，曾经开埠，旧日名城，不如新邑。前清道署兼理关税交涉，不专在考察属县。民国以来，税关监督，外交特派员，官事不摄，道尹权限日削，犹有道视学为属，各有道立师范、中学。自设教育厅，裁道视学。道立各学校收归省立，道尹于察吏，而几无可举之政矣。然人民于历史观念，视道治较重，一省之大，省长耳目难周，分道以治，诚察吏安民之要政也。

吉长道

长春居吉林之西，奉天之北，龙江之南，蒙古之东。原拟设总督公署于此，是以今之道署崇闳，无异省公署。道署有历任道尹相片，为萧曹同影堂。方设道之始，首道驻于省城，职类承宣布政，省长公出，必以道尹代行。自政务厅由荐任升简任，职权日重，省长公出，政务厅长代行。首道专驻长春，自可独当一面，重镇亦不空虚。且铁路交通，晋省亦最便也。

滨江道

滨江市政，向由俄国管理，无异租界。近年始正式收回，由省长请中央任命滨江道尹为市政局长，并添设副局长，市政局亦改悬中国旗。但俄市日衰，华市日盛，通用国币。政府重视国际，特派东省铁路督办，简任职则有特别高等审判、检察厅，外交特派员，税关监督。铁路处长皆与道尹平行。机关繁多，无异省会，市人直以为地方长官。滨江县则于地方司法、警察、税务，毫不干预，如省会首县。

延吉道

东接俄疆，南连鲜壤，辖县为八，商埠有六。地方辽阔，居民复杂，比年邻郊多故，防制稍有疏忽，动关大局安厄，益以珲案发生，外交形势较前倍为吃紧，刷新庶政，未可置为缓图。原系二等边缺，今升为一等。惟吾国民政治集中延吉，即商埠之局子街，而日本总领事则因商务之便，垦民之多，驻于龙井村，即六道沟。不若滨江、长春，中外接近。头道沟、六道沟等，已设初级审检厅七处矣。

依兰道

三姓名城，夙为重镇，松花江下游，轮舶所通。乃商务究未发达，属县尤多未垦。近年胡匪充斥，甚至道尹晋省，胡匪敢于攻陷城池，蹂躏属县，劫夺国税，荼毒民生。则三道皆镇道并设，依兰无镇守使也。或谓依兰开埠，不如绥远、同江，果道尹移驻新开口岸，发展航运对外贸易，庶此一隅可比三隅乎。

第四十五章　县　署吉林政俗月刊

吉林县署，遵于民国初元，改定府厅州县，统名曰县。至今府城附郭之县，仍多为大县。国家举行县知事试验，限资格，重经验。试验法令、条约、行政判断，如此其详；及格分发留省甄别、任用如此其慎，奖励惩戒如此其严。保荐必以著述，保奖必以劳绩。得一县知事何难，依文官甄用令，掾属升用法，其难其慎初无二致。又有文官高等考试，文官普通考试，司法官外交领事官诸考试，皆限制荐任以上官必经考试。然科举旧资多年知县，亦多在职也。

吉林县行政重要大事

防盗　盗匪不但火民居、伤民命、掠民财，且有攻城劫税者。一身生命，与民共之。

听讼　案牍劳形，署员蔽之，邑绅蔽之。黯者误事，明察不易，役隶拿车、舀粮宜禁。

筹款　蚩氓担负，已虞过重，地方新政，尤需新款。敲首吸髓，民将何堪。

私帖　官帖已不兑现，不一年而加倍，各县私帖，责成收回，尚不及半。

表册　中央列部调查繁多，各县知事循例具报，有实心无实力，亦履行具文。

吉林县行政特别情形

外交　非县知事所能专。吉省自图们界约，指延、和、汪为杂居区域。伊集院会议，又加入珲春，其势力又扩东宁。东清收回，洋人诉讼尤繁，因应实有不易。

内务　昔县知事兼警察所长，今警务处委警佐为所长，常有抗衡、诿卸之事。

财政　清理财政局，既设清理之责，厥在知事，地方财务处，征收饷捐为自治、警学之需，尤在实行监督。

司法　本应独立，因国家费绌，兼理司法公署，委承审员。法律不完，仍多困厄也。

教育　知事精神所注，百废俱兴。或政务繁冗，不及注意，恒多废弛。

实业　就地方土产，成小工厂、小矿业，与商会和衷办理，不必铺排大局面也。

交通　平治道途，先自城内始，次及数里大小路。或凿山岭，造小桥，劝地方行之。

各县公署

在城内者为多，光宣年间所建修。当时徒事外观，规模遂大，房舍竟有六十余间之多，内容并不坚固，是以日形坍塌焉。

各县公署不兼司法者

吉林、长春、滨江、延吉、珲春。

第十一篇 军 事

第四十六章 军 署

吉林省城，明永乐船厂，徐达曾统兵至隆安一秃河，早为军政要地。有清二百余年，将军率八旗劲旅以戍边，清季改巡抚，民国初改都督，皆未久，仍号将军，共和再造，改称督军。军署在江沿，与省署同，有参谋长赞助戎机。分军务课、军法课、军医课，各有课长、课员，又有副官处办理庶务，并设秘书厅。此外有承启处、卫队团、稽查处、印刷所，并附机关枪一连，在德胜街。卫队团步兵、骑兵各一营，驻二十三镇旧址。车站亦分设稽查处。东三省巡阅使，亦兼辖三省军政焉，犹盛京将军、东三省总督也。

省城各军事机关

军官教练所　东营。

测量局　永丰胡同。

军械支厂　东局子。库储械弹，以汉阳所造为多。

陆军医院　德胜街。

省城所驻军队

陆军五旅一团第二营　莲花泡。

陆军五旅炮兵营　东营。

陆军五旅第一团　西营。

陆军第五旅　尚仪街。

陆军第三旅　德胜街。

宪兵营　德胜门里。

宪兵分遣队　德胜门外、东关岔路口。

军署重申防军骚扰令

凡各县驻军，所需食品，由就近农商两会代为采买，移防时所需车马，由县署令警察派送，按章给价。早经通告遵照在案，无如行之日久，不无疏懈，故近来军人，往往仍有直接与民交易者。因之宵小乘间敲诈行为，不可思议。是以重申前禁，以防奸邪而卫商民。

第四十七章　国　防

吉林本尚武之邦，宜可行征兵之制，乃逃兵通辑者，日见于公报。昔何勇，今何怯。政教未施之初，八旗子弟，尚人尽为兵。有清能以骑射得天下。今见乘车者多，驰马者少，弓矢即废，私家虽有枪支，实缺于教练。山东老农，津榆富商，子弟皆文弱，是郡县之时，人民战斗力，不如酋长时代也。惟文化日进，体育亦应日进，小学校之童子军，中学校之运动会，皆有奋斗竞胜之精神。边境空虚，今日究胜于昔日。陆军旅团，分布全省重地，不比庚子以前毫无防御也。沿边妇女童稚，亦能发枪射击，国民尚武，谁敢侮予。

吉林镇守使

吉长镇守使　驻长春。

滨江镇守使　驻滨江。

延吉镇守使　原名延珲镇守使，驻珲春。今驻延吉，在河南旧营房办公。

依兰镇守使　昔年先驻旅部，由宁阿兰镇守使改设。

以道区为镇区，如前清之镇道并重也，亦军民分治之雏形也。

吉林防军区域

一　第一旅驻磐石　防区为双阳、桦甸、伊通、濛江、敦化、磐石。

二　第二旅驻延吉　防区为延吉、珲春、和龙。

三　第三旅驻省城　防区为长春、农安、德惠、长岭、舒兰、五常及吉长各站线。

四　第四旅驻依兰　防区为富锦、同江、绥远、饶河、虎林、宝清、桦川。

五　第五旅驻宁安　防区为穆棱、宁安、密山、额穆。

六　第六旅驻滨江　防区为扶余、滨江、双城、榆树、同宾、方正、勃利、宾县、阿城。

七　第七旅驻横道河子　防区为哈绥路线。

八　第十九旅驻哈尔滨　防区为哈长路线。

九　第一游击队驻宾县，第二游击队驻密山，陆军补充一、二、三营驻长春。

十　宪兵及机关枪一、二连均驻省城。

第四十八章　警　察

吉林全省警察处，及省会警察厅，均设于省城通天街。昔年民俗纯厚，奉、直、齐、鲁移民，亦多力务农商，服从秩序。乃以日俄比邻，开埠繁多，口岸莠民存侥幸心，不理正业，流弊所极，演成一般变诈百出之恶习，烟赌、盗骗、淫荡、狂妄，不良之行为，非警察无以干涉之。是以警政对于商埠，较为严密，而铁路特别区尤重视之。至于各县之警察，则首在侦探匪踪，防患未然为上，能整鞍上马持枪御贼次之。人民负担地方之款，以警款为最重。

省城及商埠警察厅

省城不过万家之邑，而警察乃及千数，且现役长警，薪水微薄，近日裁警增饷。昔每分驻所向驻长警二十一名；今裁去八名，余十三名，所裁余薪，加入巡警薪饷。冬日尤严防犯贼，禁止谣言，外防俄党过激之言论，且城内亦有外人杂居，与商埠无异也。

长春警察厅

处日、俄二国铁路之交，俄势衰而日势弥张，对外不易。

滨江警察厅

地方过于繁盛，生活过于昂贵，良莠不齐，种族言语，尤多隔阂。

珲县警察局

珲春警察本系商埠警察，珲案发生，视之弥重。

延吉警察局

汪清、东宁、和龙警察，各县吃紧，六道沟、头道沟商埠警察亦重。

依兰警察局

平时款绌人少，先期并无觉察，乃致匪徒陷城之事。

各县警察局

但能防匪、击匪即为尽职。行政、司法则归之县署。

水上警察厅

分别松花江上下游，设置水上警察局，由内务部呈准办理，以扶余为适中之地。松、黑两江华轮公会，原纳轮船捐分等不均，今改为按马力计，每年纳现洋七角。封江后爬犁代船，沿江水院，临时营业，无异陆路栈房。由水警严查，以安行旅。

东省特别区警察总管理处

总署　滨江。

分署　一、哈埠。二、二道沟。三、横道河子。四、齐齐哈尔。五、满洲里。

区域　原有铁路界内。

保护　严防俄国乱毁路，以执行管理之权。

第四十九章　清　乡 吉林公报

吉林胡匪之猖獗，虽因外人接济枪弹，或缉捕时逃匿租界，为国家法令所不及。亦由于巨富乡农，知官兵不足恃，结欢于胡匪以自卫。又因当家子弟或父母，被胡匪掳去，谓之绑票，不得不筹款自赎，而胡匪之势日滋。至于军队通匪，兵来匪去，兵去匪来，兵索供应，或甚于匪，深山僻径，匪人或啸聚种烟。年来举办清乡，奉吉两军，联合进剿，东三省设有清乡总局，吉省亦设置专局，虽屡获巨匪，而盗源未绝。省局添会办，各道添帮办，巡视各属，专任考核以靖地方。总局设省城三皇庙胡同。

吉林清乡局章程概要

一、督办一员，由东三省清乡督办兼任，会办二员，一由警察处长兼任，一专巡视。

二、清乡帮办四员，分任各道区清乡事务。各县知事，分任各县清乡事务。

三、承审员五员，本局一，各道一。会同帮办，承审一切盗匪案件。

四、编查户口，由各县遵四年八月二十教令，公布县治户口编查规则程式。

五、民有枪枝，由县烙印编号注册。无业游民，不法行为，由警察、保卫团监察惩办。

六、人民为匪、窝匪、济匪、通匪，由县饬警团拿办，各县是否认真，由帮办巡察。

七、各道帮办，于各县办理未合，即会商办理。获匪即交县会审，呈准省署执行。

八、清乡会办，巡视各属，获匪交县讯办。对于帮办、知事考核，得随时径呈省长。

九、各道区需用清乡队，由省长公署酌拨警备队，归其调遣。

十、清乡会办、帮办及各知事，执行职务时，得商调陆军警团，实行协助。

十一、清乡人员，发见盗匪依法科刑外，嫌疑人犯，情节较轻，得酌量拟罚。

十二、清乡专案，由局报省长核准，方准执行，不关盗匪之案，概不受理。

十三、科罚额由执行机关汇转清乡局，转送国库，非经省长核准，不得动用。

清乡成绩之希望

行政　各乡无匪，不致聚众攻城劫税。

农民　富民不致被绑立贫，弃地而逃，垦户亦可渐集。

商民　行旅转运货物，无路劫之恐，及通匪保险。

学生　出门就学，不虑绑票。

第五十章　旗　营

吉林未开荒以前，全系旗制，即欧美军国民之制，有自治之精神。惟甲兵坐耗钱粮，不习生产，是其流弊，久之生计不足，遂至劲旅衰微，不可复用。省制改将军易为巡抚，副都统所治则改道府，今则改县。民国成立，五族共和，协领、佐领，依然存在，有旗务处以总其成，今并于省公署之旗蒙科矣。旗人口粮，虽照旧优待，然钱法毛荒，不能供事畜。于是皆题县籍、冠汉姓，自谋生业，较为优裕，已与汉人无别。省城旗民，原不足全城之半，今殖民益多，同化力益速，旗装已罕见。水师营之类，皆虚存其名焉。

各副都统全盛时之形势

宁古塔　将军旧治，控东海窝集诸部，直至海滨。

三姓　临松花江，乘黑龙江下游，控制海口外库页岛。

珲春　镇图们江流域，近抚朝鲜属国。

阿勒楚喀　据白城形势，江南膏腴。

伯都讷　屏蔽东蒙古各盟。

各城之旗务分处

宁古塔、拉林、五常。

各城协领署

阿城。

各城各旗佐领署

伊通。

旗人同化生计

旗官　协领、佐领，照例咨补。各旗人出入往来自由，不复能管束。

俸饷　旗官有俸，于饷银亦有扣钱，容可为生，旗人则不足以自存。

旗地　当年生计地极多，若不典卖，至今仍为富家，惜多易主矣。

旗籍　今多不署某旗，而填入所在县。

第十二篇　经　济

第五十一章　岁　入吉林财政报告书

吉林岁入之数，据预算之额，不如据实收之额，因预算所收，未必能如数也。今财政厅收入销场等税，属地方税范围。大租、荒价属国家税范围，尚未逐一剖分。惟关税、盐税、印花税大宗，岁入三十万以上，由国家简员征收者，径解中央，不入本省之国库。交通收入，如铁路、电政、邮政之盈余，亦直解交通部，均为大宗。至于各县地方附加粮捐，及本地各项特捐为学校、警察、自治乡、团之用者，均属于县地方范围，不在省岁入之列。边荒日辟，岁入日增，人民之负担亦日重矣。

民国九年一月起至十二月底止实收数目表

销场税　二三一〇三七一三九〇元。

山海税　二七四三九八七九一一元。

木石鱼草税　八五七四六八八〇元。

木炭税　二〇四九七〇四二元。

参税　一五九〇二一〇八元。

药税　一三五一五八四四元。

煤税　二六八〇二一六元。

焦碴税　四八二五〇元。

皮税　八四四三四三四元。

皮果税　二〇八八五六元。

鸡蛋税　四六四四九九元。

油税　三六四一一六元。

缸捐　一六九一四二六五元。

硝卤捐　二七八八七三九元。

红利捐　四二四七〇六三八元。

肉柜捐　五九五四三三元。

船捐　三〇六三七一元。

车捐　八六五二五二五元。

妓馆戏捐　一五一六四四二二元。

牲畜捐　四三二六四六二一四元。

前年未收讫　一三二四四九三四五一元。

大租　一三一〇八二七八五四元。

荒价　一一一〇二三一元。

官款生息　一五七七〇八六九元。

房地街租　四一二一〇元。

各项罚款　二九三七六三七〇元。

返纳金　一五七七〇八六七元。

验契税　三五九六七六一元。

营业牌照　八八九一八七七〇元。

兑换盈余　六五二六一四八〇元。

五厘杂税　六五二六四八〇元。

教养费　二〇〇〇〇元。

协款　三七九八三〇七七五元。

皇产山分　六七六九九八元。

契税　五七四七〇三八八八元。

烟税　二六八一三八〇九二元。

酒税　四四八二六七八八五元。

牙税　一四一八〇六〇〇六元。

烧锅课　三七九一二四九二元。

斗税　一七三二六八四九六元。

豆麦斗税　五九三一〇四三三六元。

木税　四〇九九七〇五一六元。

山分税　一一八四六二二八七元。

木植票费　一四一三九四〇六一元。

当课　一五一八七七八二元。

屠宰税　四四五四五七三八元。

矿税　四二八六六九元。

契纸税　二九九七五四三元。

铁税　二四九九元。

香课　二六一〇〇元。

合计　九二八四六〇八六〇八元。

第五十二章　岁出吉林财政报告书

吉林岁出之数，预算之额，不如实支之额，因实支或溢出预算，或停支减支也。自清季新政繁兴，无一不视为重要，于是有未筹款而先办者，以致清理财政而财政愈梦，各行政机关无不藉口支出不敷，请求追加预算。未闻有力行节俭，严汰浮销，以恤民力者。陆军支出，超过全年支出之大半，内务、财政次之，教育、实业，均以款绌未能发展，司法未独立，支出亦少，外交及交通多由中央主政，亦支无多。兑换亏耗，损失甚多，则货币杂糅之弊，或因之为利不易遽革也。

民国九年一月起至十二月底止实支数目表

外交费　一一二五九六二八〇元。

内务费　一五二四三八五九〇九元。

财政费　六五四四一七四二七元。

陆军费　七三八二九九八一七六元。

司法费　四三二四三九三六九元。

教育费　五一八五三四三二〇元。

实业费　一〇二二二六〇〇〇元。

交通费　一三五〇〇〇〇〇元。

预备费　三〇三八〇〇〇元。

前年度未付讫　九八八八一八〇五八元。

兑换亏耗　八一〇一四三二一四元。

杂项支付　一二二三五四六九六元。

合计　一二六六五四四四四九元。

统计民国九年实收九百三十八万六千零二十八元六角零四厘。

实支　一千二百六十六万五千四百四十四元四角四分九厘。

不敷　三百二十七万九千四百一十五元二角四分五厘。

九年度国家岁入预算　八四六八九三三元。

九年度国家支出预算　一〇五四三六〇〇元。

第五十三章　税捐局_{吉林财政报告书}

吉林税捐征收局，列一等者，惟省城、长春、滨江及滨江木石四局。列二等者，有双城、扶余、榆树、宾县、阿城五局。列三等者，有磐石、双阳、舒兰、五常、延吉、宁安、伊通、农安、依兰九局。列四等者，有桦甸、长岭、德惠、濛江、省城木税、下九台、缸窑、蛟河乌拉、同宾，珲春、东宁、敦化、额穆、和龙、汪清、密山、同江、呢玛口、方正、绥远、穆棱、富锦、桦川、饶河、勃利二十六局。所属分局分长期、短期二类。各属分局，或不限于一县、一道，与行政区域微异。经济地理，是以异于政治地理也。

各属分局

省城车站长期，德胜门外短期。滨江田家烧锅、正阳河、万家窝堡、道里、顾乡屯、马家沟，以上长期。炉草沟、广来城，以上短期。长春头道沟、吉长车站、十里堡、东卡伦、小合隆、白龙驹、小双城堡，皆长期。朱家城子、烧锅甸、三道冈、爆竹窝堡、四间房、范家店，以上短期。滨江木石一面坡、横道河子、五站、二层甸子、海林、四家子、乌尔河、夹板河、新甸、伊汗通、德墨利、南天门、三姓、苏苏屯、拉哈苏苏、绥远、老少沟、蔡家沟，皆长期。双城拉林、韩家甸、泥泡子、帽儿山、北站、珠山、五家子，皆长期。扶余长春岭、五家站、石头城、榆树、陶赖昭，长期。□沟，短期。榆树五棵树、新立屯、弓棚子、闵家屯、大岭、四合城，长期。牛头山、秀水甸、卡路河，短期。滨县蜚克图、夹板站、高丽帽，皆长期。九千五、八里川、分水岭、聚源昶、新甸、乌尔河，皆短期。阿城斐克图、太平桥、东站、二层甸子、大嘎哈，皆长期。磐石黑石镇、松咀、烟筒山、朝阳山、呼兰集厂，长期。

亮子河、栾家网、抱马川、郑家桥、稳水汀、黏鱼汀、德胜沟、兴隆川，短期。双阳岔路河、奢岭口、一拉溪、刘家店、双河镇、大绥河、长期。长岭子、张家店，短期。舒兰抢坡子、小城子、霍伦川、芹菜河、十桥子、法特哈门，长期。天成店、西云山、永和屯、曾船口、谢家窝堡，短期。五常县城、太平山、兰彩桥、冲河、二道河、炕沿山、向阳山、五常堡、六道冈，长期。七道冈、八里店、对儿店，短期。延吉铜佛寺、头道沟、龙井村，长期。瓮声砬子、艾蒿子，短期。宁安海林站、东京城、牡丹江，皆长期。伊通营城子、赫尔苏、靠山屯、下二台、大孤山，长期。伊巴丹站、叶赫、五台子、小孤山、赫尔苏、二十家子、景家台、大南屯、半拉山、火石岭子，短期。农安靠山屯、伏龙泉、高家店，长期。塔呼、四合盛、查干叶莫、葛金塔、巴吉垒，短期。依兰土龙山、南北关，长期。桦甸漂河口、常山屯，长期。横道河、八道沟，短期。长岭新安镇、北正镇，长期。德惠县城、双山子、大青咀、郭家屯、刘家磨房、马家店、矫家窝堡、驿马河船口、老烧锅，长期。岔路口、饶家门前、宣家店、黄花船口、后湾子、薛家屯、饮马坑，短期。濛江那尔轰、西泊子、三岔、四岔、东江沿，皆短期。省城木税东大滩，长期。阿什哈达，短期。桦皮厂放牛沟、木石河、苇子沟、下九台、五间楼、小河台，长期。驿马河、头台、河南屯、营城子，短期。缸窑鸣驹桥、花石咀子、富家口、溪浪河，短期。蛟河双岔河、尤家屯，长期。乌拉白旗屯、其塔木、旧站，长期。下两家子，短期。同宾一面坡、东夹信、乌古密、柳树河、苇沙河、长岭、太平岭、老爷岭、十站，短期。珲春东沟、土门子、黑顶子、二道河、甩湾子，长期。东宁大城子、绥芬河、小绥芬河，长期。敦化黄泥河、黄土腰，短期。额穆官地，长期。大山咀，短期。和龙怀庆街、三道沟，长期。汪清凉水泉，长期。密山宝清、龙王庙、夹信子，长期。同江街津口、图斯科，长期。挠力沟、许尔固，短期。呢玛口独木河，短期。方正南天门、大罗勒密、西丰沟，长期。德墨利、瓜兰川、伊汗通、腰岭子、柳树河，短期。绥远乌苏里、秦得力、石厂，皆长期。穆棱下城街、穆棱站、八面通，皆长期。富锦安邦屯，长期。江沿、夏尔当，短期。桦川佳木斯，长期。江沿，短期。饶河团山子、小根菜咀子，长期。西风咀、燕窝，短期。勃利无分局。

第五十四章　盐　法_{吉林公报}

吉林之盐，来自奉天。有吉黑榷运局设于长春，省城则设于东关铁路旁。东三省巡阅使公署布告，整顿盐务，严定地方官协助盐务奖励、惩戒规则，禁绝私制、私贩土盐及贩私盐要犯。凡抢夺盐店，哄闹场灶，皆勒限缉获，持械拒捕，格杀勿论。并宣布缉私条例，私盐治罪法，依法科罪。吉林省公署，亦仿行奉天协订缉私章程。地方官既策以保奖，警官甲长以下则酌给奖金。各地方官、各缉私营局，如有受贿、放私情弊，依法惩办。务使供求相应，不致民户淡食、关课损失，则国民交受其益也。

吉林之官销

原定共二十万石，而每年实销不过十万石左右。

哈埠之熬商

滨江榷运分局盐仓，运来青盐，向用熬盐商人熬成白盐，然后发往各处分销。充熬商者历有年所，近年竞争者多，因熬商之利厚，而熬法颇单简。有人拟仿久大精盐，再用化学提炼，抵制洋盐，或行销国外。

盐价折改大洋　吉江两省，十七处分仓，一律收现。奉票、吉江帖，照市价折。

长春　四元一角。范家屯同。

吉林　四元四角。

伊通　四元一角。怀德同。

长岭　四元三角。

磐石　四元五角。延吉同。

珲春　四元八角。

哈尔滨　五元。五站同。

海参崴产盐附近行销地：

宁安　县城七十万，东京城十五万，乜河十一万，账房山子六千，惟塔城、东京城，并转销敦化。

穆棱　县城二十万，并转销密山。

东宁　县城二十万。

第十三篇　自　治

第五十五章　省议会

吉林省议会，在省城新开门，全省人民代表议事之所也。议会以前，清季有咨议局，为立宪之实政。方其筹备司选之时，地方官绅，皆慎重将事。选举资格既严，选人名册容有遗漏，实无伪滥。此时国内无政党、无政客、无金钱运动、势力指派之事，吉林省议会神圣可敬之初基也。民国以来，他省容或为政党所左右，吉林省议会议员，则以教育界常占多数焉。所议国界边防，民生大计，币制之整顿，匪患之防维。十年以来，虽有倪议，尚未收实效。

省议员之选举

名册　初选名册，多因户籍未详，匆促塞实。

投票　热心奔走者多，正是国民政治思想之发达。

竞争　金钱运动各国亦有之，但果得地方人心人力，寒士亦或当选。

当选　吉省尚重学校资格，大地主、大商人或不愿就。

省议会之党派

旧国民党　原系革命党之同盟会，民国成立，自居民党。凡前清官不得意，民国维新，好主张民权、地方分权者属之。袁政府解散，势力大衰。

旧进步党　原系立宪，前清官吏提倡新学者，按期筹备，非常稳健。民国初，为南北统一党，为共和党，宗旨平和。及进步党成，遂盛极而衰。

地方第三　不树党纲，各有团体，或在省议会以外。品学实力，足以调摄于新旧官民之间。遇会内举议长之类，能调停使双方让步，涣然冰释。

人民希望省议会者

整理预算　即整理钱法，根据国币折收折发实银、实钱，庶无虚数舞弊。

废弃杂币　永衡照广信发现大洋兑换券，纸洋、小洋、官帖，皆收回焚毁。

防止匪患　地方积弊，不妨明言。

推行实业　每议员能经理一事，庶为民法。

振兴教育　宜自强迫富民始。

第五十六章　自　治

吉林各乡村，原有乡约，有古时亭长之遗制。府、厅、州、县初设之时，视为四乡传宣之役。恁藉官势，遂以拨牌之名，按户敛钱，以肥其私，颠倒讼案，隐匿黑地，地方以为苦。宾州府首先裁之，改为收入役。徐大总统在总督任，设乡正、乡副，亦未遍举。光绪筹备立宪之时，省城先有绅办之自治会，改为筹办处，设自治研究所，各县学生毕业回籍，分设本县自治研究所，为城镇乡自治之初基。民国之初，通令取销，今又力筹恢复矣。自治在人，不在名义，果能一村一县自治，必众人以为模范，亦非难事也。

吉林最初之自治慈善事业

常平仓　或名义仓。

养济院　或名养济所，富户捐助冬令棉衣甚多。

牛痘局　春初设立，夏令有敬送暑茶者。

施粥厂　长春南关朝阳寺，由商会主持，冬期开办。

风雪庇寒所　滨江多冬日无依者，于此投宿。

吉林自治实行筹备

培材　内务部已征调各省人士，入京讲习。

筹款　已饬县调查原有自治入款。

分区　旧日乡区太多者，应另行分划。

规则　本省情形，异于内地，各县又互异，须多订单行章程，举行实政。

吉林自治协进支会

本省人士促进自治之机关。

吉林绅董公所

省教育会　为公所设立之处。

省农会　亦附设于此，刊行吉林农报。

工务总会　在河南街，亦发达。

总商会　在财神庙，为最有实力团体。

吉林人民之团体

吉林同志俱乐部　吉林同仁俱乐部。

第五十七章　户　口

吉林户口号曰六百万，省城户口亦号曰十万。近年省城商埠，颇觉人满，县城亦有增益，田野垦户，则来者仍不多，由于匪乱、道梗之故欤。吾国民对于天时，最爱旧历过年，挟资回家，骨肉团聚，乡邻艳羡。各县新荒甫辟之地，秋风一起，谁不思乡。地主多属客民，皆无室家，不知耕种，所招种地之人，亦系客民，按年佣工，按年分粮，成熟而后，各为归计。地主俗名地分子，地户俗名跑腿子，往往开垦二十年仍无起色。男丁之数，有百倍于女口者，移殖女民，其事更难。必有实政及民，则民皆襁负而至矣。

吉林户口疏密比较略表

一　吉林、滨江、长春、双城、宾县、扶余、农安。

二　伊通、双阳、磐石、五常、阿城、延吉、榆树、德惠。

三　珲春、东宁、敦化、汪清、和龙、方正、长岭。

四　舒兰、同宾、依兰、宁安、桦川、穆棱、富锦、密山、额穆。

五　桦甸、濛江、同江、绥远、虎林、饶河、宝清、勃利。

吉林户籍调查之难

旗户改租汉户　凡以八旗为街名、屯名者，至今多租与汉民，旗户多用汉姓。

大户分租小户　永衡第二号大屋，分租小公馆九，各有小院，而统于一大门。

小户合为大户　凡劳力无家者，往往能集合多人，尊一把头，遂号大柜。

官户夷于民户　昔官尊民卑，上下迥别。今官民杂居，微官不如有产之民。

粮户容纳佃户　昔大粮户收留傍亲之人为佃户，视地主为家主。

富户落为贫户　旗人子弟，不自经理田地，或妄作投机营业，或坐食久而耗。

贫户进于富户　哈埠投机，即囤买粮食，亦获大利，致富巨万亦寻常事。

贵户沦为贱户　世族之家，或习非礼，烟酒纵博倾其家，男为奴仆，妇女为娼。

穷户超为名户　穷人子弟，读书立志，士、农、工、商各成其业，门庭立即改观。

一户集居多户　北正房价较昂，东西厢房次之，南屋无南窗，则价廉。

一屋集居多户　至穷者，一屋之内分租三家，分三面炕以居。

一家分立各门　至富者，有大门、便门、车门、旁门、后门，或分列铺面数家同字号。

第五十八章　乡　团_{吉林公报}

吉林省乡团旧名联庄会。当匪氛不靖，团警兵单，幅员辽阔，此击彼窜，非联庄协助，不足以自卫。惟枪弹缺乏，各为风气，不相联属，屡办屡辍，有事时急莫能待，无事则相忘。省署颁有联庄会统一办法，限期举办，俾各具休戚相关、同心御侮之精神，以协助警团，防御匪患。

所需枪弹，即由联庄会自行筹备，并由省补助，以捍闾阎。双城办理最久，日俄战事危急，各属团结颇坚，嗣因举办巡警，联庄会遂无形中止。今绥远有假农会之名，以贩运枪支者，则经地方官查禁也。

联庄会简章

一、本会由各屯自抽壮丁，编练会勇，互相策应，辅助警团，保卫地方为宗旨。

二、每警区设总事务所一处，办公地点，宜择公所或附各警区院内。

三、每区联庄会置正副会总各一人，总理本区联庄事宜。

四、每屯置正副会长各一人，受本管会总之支配。对于本屯，有发号御匪之责。

五、每屯男丁二人以上出会勇一名。五人二名，十人三名，年十八岁至五十岁。

六、会总、副会总由本区各屯会长公举。正副会长，各屯公举，均由县委任。

七、每十家置十长一人，百家置百长一人，由民户公举。监察窝匪、济匪、通匪。

八、枪械由各会自备，并由官家按会勇之多寡，量为补助，以期足用。

九、无论何屯，遇有匪警，不分区域，均互相策应，以厚兵力而收实效。

十、实行连坐法，每十户互具切结，送警区备查，并由会制联名表，分送各户。

十一、十百户长，应负专责，凡结内十户，均有互相监察之责。匪不举发者，连坐。

十二、寓兵于农。有事聚而为兵，无事散而为农，平时会长得召集训练。

十三、分常备若干人，无论有无匪警，常川聚集，预备者则有警时始聚，无则散。

十四、酌定会哨办法，以相连络。有警则用鸡毛信，由各户传知，即古之羽檄。

十五、每区应制联庄会旗一面，红色白字，书某区、某屯联庄会字样。

十六、会勇拟用保卫团旧制,各户各置蓝色军衣一套,无事不准著用。

十七、官家补助各枪弹，系由军署备发，定有价格。损失消耗，均须照章缴价。

十八、联庄会保卫治安，不干预地方他事，并受保卫团警察之指挥。

第十四篇　人　民

第五十九章　种　族

吉林土著之民族为满族，多在松花、牡丹两江沿岸。清初有佛满洲、伊彻满洲之分，佛满语旧也，伊彻满语新也。佛满洲分具国恩、布特哈二部，伊彻满洲即库雅喇部。长春以西，本蒙古郭尔罗斯前旗地。各城市回民及喇嘛台藏民，与移殖汉民，久已相安，可为五族共和庆。惟韩民被逼内附，在延边者数十万众，和龙最多，占居民百分之九十五。以属地主义，当然为大中华国民。乃倭人并韩，于故韩遗臣亦欲服之，既设领事，又派军警，灭种族竞争，未来大祸。宁安之南，有村名小人国，则高丽自称小国人所居也。

汉族移居吉林之三大原因

一、顺、康时朝官之谪迁　顺治丁酉科场疑案，发遣十三人，编管宁古塔。吴兆骞、孙璘，类多著述，实开化之首功。康熙平滇，移其降人守台。

二、乾、嘉门户之开放　高宗巡吉林，赋关外五谷序。穷氓至此，向虽例禁，迄未能绝，今悉成土著。因山左、畿辅，岁比不登，渡辽日众也。

三、近时铁路之交通　昔每阅一纪，民族必增一倍。近二十年开荒设官，江南岭南之人，来吉居商服官者尤众。以山东佣工最占多数。

土著满人之六种

库野　即库页，又名阿伊奴人。男子长须达膝，跣足佩刀，有衣鱼皮者。妇女以针刺唇，以烟涂面，中国谓之倭奴，日本自称虾夷。

费雅喀　散在黑龙江口，今已入俄境，或称扣雅喀，其人自呼为尼古奔。

以上二族为肃慎之一，亚洲民族之最古者。

鄂伦春　宁古塔东北及东北海岛，蓄养驯鹿，即四不像，古书谓之使鹿部。

奇楞　宁古塔东北二百余里亨滚河等处，即鱼皮达子，今讹为麒麟。

七姓　在三姓西二百余里九拉洪科等处，能种麦，或名切浦清郊野。

赫哲　与七姓近，强悍，迷信，桦皮为帽，冬则戴貂，能驾舟，妇人衣角缀铜铃。

以上皆满洲别种，语近满文，近谓之曰通古斯族，实即蒙古之转音。俄人呼曰契台，即契丹之转音也。此外又有恰喀拉种，居珲春东沿海，男女穿鼻，缀铜像。

第六十章　言　语

吉林之言语，普通官话近于京话，虽与奉、黑小异，究无大区别。最古者则有满语、蒙语、达呼哩语，亦日渐减少。学校已通用官话教授，最奇者为哈尔滨之特别语，杂糅中外而成之。在中国则有山东语、直隶语、山西语，在外国则以俄语为多，间有犹太语、希腊语。以日本、朝鲜下流社会之俗话融为一气，与俄文异，惟不识字华人俄人交换而成，专用于哈尔滨一埠及铁路界内，俗谓之毛子话，若上海洋泾浜之英语。

交通愈便，言语愈杂，统一国语，良不易也。今方推行注音字母，为通俗教育所资，国民习语体焉。

满洲语沿用各地方

满洲、满珠、曼殊，即女真之转音。

牡丹，即忽汗之转音。

乌苏里、乌子、戊子，皆一音之转。

宁古塔，数之六也。

松花、宋瓦、粟末，即松阿哩转音。

舒兰，果汁也。

呼兰，灶突也。

阿城、阿什河，即按出虎之转。

码蜓河，码蜓，肘也。

吉林乌拉，吉林谓沿，乌拉谓江。

佛思亨，甑也。

威呼，独木舟也。

窝集、乌稽、兀稽，森林也。

斐德哩，倚傍也。

额赫，不善也。

砬子、井子、拉子，山戴石也。

温德亨，祭祀祝版也。

依兰哈拉、三姓。依兰为三，哈拉为姓。

库干兰，营盘也。

巴彦，富庶也。

诺罗、挠力、饶河，鸟栖处也。

恩额穆，马鞍也。

哈达，山峰也。

果勒敏珊延阿林，果勒敏为长，珊延为白，阿林为山。

果勒敏珠敦，长岭也。

阿拉、横甸、甸子，平原地。

宝清、博钦，猴子也，河名。

图们、图门、统门，皆土门之音转。

玛虎头，小儿所戴面具也。

瑚布图、无沙、乌蛇，皆一音之转。

希霍塔，大岭也。

延吉附近之韩语

和龙等县，韩人占大多数，其交易均用韩语。希图省税，多在韩人酒馆成交。凡韩人自成村落者，悉仍韩语。是以垦民教育，施行国语为亟。先添译人，考查一切。

通行之汉语

辨上、下、平极易，不能辨入声，或以上、下平、上、去为四声。

第六十一章　衣　服

吉林人之衣服，为满洲之便服。民国初元，剪发者多易服，嗣后因洋服之不便于身体，仍改用前清便服，京沪同风，各省一致。民国议会议决大礼服，及颁行之公服、祭服，罕有制备者。军服警服，惟下级之军士、警士服之，上级军官警官不常著军服、警服也。学生制服，亦不能齐一，因冬令天寒，不便于短衣。妇女仍多满洲旧装。燕齐移民仍多缠足。庚子俄人入寇，御寒者始仿俄人大氅，今则男女多用之，且流行京沪间。然则吉林衣服之形式，固可以施行于全国也。

吉林人之服用

皮围袖　有用全狐者，今已昂贵，西洋贵女多用之。

皮冠　昔以貂为贵，今日渐减少。

革履　昔年谓之趟土马，内实乌拉草，虽踏霜雪不寒。

皮绔　多以貉绒为之，内地天暖不能用也。

毡鞋　厚半寸，能耐严寒，惟形式笨重，且系灰白色。

吉林皮服之价值

虎　全张约值千元以上。

貂　每张贵至百元以上。

豹　全张约值百元。

马驼熊　每张约值六十元。

狗熊　每张约值四十元。

狼　每张约值四十元。

狐　每张约值三四十元。

猞猁　每张四十元以上。

貉　每张十元以上。

水獭　每张五十元以上。

灰鼠　每张三四元以上。

黄鼠狼　每张四元以上。

第六十二章　饮　食

吉林之民饮松花江水，其色稍浊，宜加以沙滤。粮食有余，烧锅造酒，天气严寒之处，人多尽醉。民食以杂粮为主，城市所食稻米，谓之粳米，采自东洋。土产以白面为上，已设火磨面厂多处。麦皆春种秋收，每年只收一次，而收数恒丰。其次则为大豆，以制豆油及豆腐、豆乳，豆饼亦为肥料，皆出口大宗。高粱专供造酒，牛乳亦鲜。平时家畜甚肥。冬令猎取山狍、野猪、雉鸡极多。江中鱼美，冬令白鱼，昔为贡品，谓之冰鲜，今京师视为珍品。至省城南味日多，筵席贵至三四十元，而挥霍如故，生活程度亦比京师昂贵云。

吉林人民之食料

棒子面　即玉蜀黍所磨粉，桦甸山地，皆以此为粮，食之健筋骨，能越山岭。

土豆子　即马铃薯，与张家口种类相同，又有地瓜，有食之坚皮肤，不畏风霜。

窝窝头　用杂合面制成，其色黄，为贫民无力食白面者所食，久食则胃强。

小米粥　吉林不产大米，几以小米为谷食正宗，煮粥之黏液质，兼能润肺。

糜子米　即稷也，为六谷所易生者。后稷首先发明，社稷代为钜典，可煮黄米饭。

吉林人民之烹调

饺子　即京师所谓包馅饽饽，南方用熟馅，东省多以生馅，冬日冰冻，留以度岁。

火锅　南方用火锅，防菜冷也。东省则以生肉为下锅品，冬日冻合，尤宜切薄片。

锅贴　用破锅片烧红，烙食生牛、羊、猪肉，不见油腻，可多食。锅片有用数十年者。

生鱼　切鱼成丝，拌生菜，加辣椒、盐，味甚鲜。使犬部落所传，与广东生鱼同味。

全猪　旗人祭祀用之，汉人许愿亦用祭猪，子孙立而食之，请朋友食之，须净尽。

全羊　本回回馆特味，须数羊始成一席，当牧畜时多用之。

烧烤　满汉筵席烧猪本满洲旧法，佐以薄饼、生葱、甜酱，内地燕菜席必用之。

烧鸭　省城临水多养鸭，江沿第一楼挂炉烧鸭，比于京师便宜坊。

牛乳　省城有鲜牛乳，清晨送到，乡村牛乳易得，乡民喜食酸牛乳，为特别风味。

番菜　哈埠车站首开风气，虽苦力亦食面包，呼为列巴，省城有岭南饭馆。

饭店　省城熙春里、荣昌、得意楼、东雅，锦城坊之锦江春，粮米行之西安，多南味。

罐头　长春已有自制牛肉、猪肉，行销西北甚远。

第六十三章　居　处

吉林省城房屋租价，略比京师昂三倍，昔年旧式房屋，皆三面土炕。近日南来人多，或但用一面炕，或撤炕改用床矣。不用炕则用铁炉，或壁立器，或暖气管，为价益昂。大抵暖气管惟长春、滨江，洋式楼房多用之。壁立器，则公廨所用，铁炉则私家寓所用之。木柴、石炭，日益昂贵，冬日安居，小屋比大屋易暖；茅屋比瓦屋易暖；旧屋比新屋易暖；正屋比厢房易暖。无论房屋如何污秽，经裱糊顶棚，四周雪白到地，亦俨如新屋。墙基之厚，倍于内地，御寒之计，亦优越于内地也。

省城建筑材料

泥木作十五家，承办工程甚多。

取土　北大山玄天岭，距城十余里。巴尔虎门外狐仙堂左近，亦可取土。

取石　北大山西石砬子。

砖瓦　东城莲花泡。

石灰　西乡老爷岭，距城六十里。

木料　江沿东大滩。

吉林冬日取暖之燃料

茅柴　生于荒甸，未开荒之地多有之。

秫秸　已开荒之乡村多用之。

马粪　农家养牛马者堆积如山，过六月再烧，火性长而臭已销。

木柈　昔近取而价廉，今远取而价贵，洋炉所用尤耗。

木炭　价比柴煤较昂，旧家铜火盆用之。

煤　壁立器大洋炉为洋炉之用。哈埠官房，多用汽管。

吉林旅馆店栈之状况

客店　凡陆路止宿之处，多有小店，多通间长炕，难得单间。

大店　省城大县原有大店，不在住客而在存货，门容列驷，院有百车。

客栈　省城及商埠多有之，旅费较廉，有住干店不备火食者。

仓库　多在车站。

旅馆　哈埠最昂，长春次之，省城亦贵，中等亦日需一元。

第六十四章　器　用

吉林器用，古昔多尚朴而耐久，木器笨重，陶器厚实，往往一物而用数十年。自新式流行，愈巧愈薄，不耐久。铁路既通，俄货充斥，尚觉朴固，略能耐久。日俄战后，日货夺其半，欧战以后，俄货绝而日货又充斥矣。然最粗最重之器，以土货就近制造者为廉。一省之大，各县亦自行制造，如缸窑是。木器家具笨重，亦为家庭必需，转运不便，虽由旧式改仿洋式，实系国货。厨中刀划、钩钳，铁工亦能自制，惟锅由内省运来。粗瓷来自内省，农民多用之，不嫌粗也。乃各界明知爱国者，犹日用洋磁，是诚何心哉。

吉林自造之日用器

缸窑　省城附近缸窑镇为最古，各县附近亦多用之，因易制难运也。吉省用缸，数倍内省，内省只一水缸已足，吉省冬日菜缸极多，酒缸亦不少。缸之小者为坛、为罐，以盛油盐。各盆种类多，小者盛菜，大者洗衣。

木器　建筑木料及寿木店而外，各市房多有各小木作坊。吉省昔用炕桌，鲜用地桌，今则桌椅多改用洋式。

农工用器具

锄　一人负锄出塞，得地即可开荒，作矿工、泥瓦小工皆需此，劳工刻不可离。

犁　驾牛耕地，吉省亦有驾马者。因水田必须牛，旱地可代以骡马。

镰　获稼之用，荒甸中打草，亦必以刀计。

风箱　收粮以后扬尘之用。

石碾　各家多有，小村或公用以碾杂粮。

石磨　麦面、豆粉，皆在农隙制造。

交通用器具

车　有三种大车用以运货，轿车可载旅客，推车多使用于高粱地。

船　民船昔用船厂所制，水师营多福建人，以收驾轻就熟之效。

橇　中国式者长七八尺，宽二尺半，辕杆长一丈五六，驾马一匹，可载七八百斤。

驮子　驮兽多用骡，亦可用驴马，平均每百斤日须一元五角，故惟山地始用之。

扒犁　行冰上，利用狗，使犬部落所用。

第六十五章　婚　丧

吉林之婚礼，旧家守旧俗，新学企文明，然旧俗繁者，今无力举行，名为新式而旧式亦不能摆脱。吉林招垦以来，携眷者少，是以男多女少，农人以勤苦起家，欲谋一家室，即娶再醮寡妇，亦须一二百元。聘娶女子则三四百元，官商纳妾者或千元至数千元。生殖程度，不能即蕃以此。自由之风，口岸皆有传染，夫妇不久合焉。丧礼尽哀，而不能守制，丁忧者多不去职，国俗之大变，清季已然，荣哀征文、祝寿者尤多开贺，致客于外省，咸以为显亲扬名焉。

婚 礼

城市　多用鞠躬。奢者以金首饰赠嫁，金戒指送礼，赠嫁有至万元者。

乡村　多用拜跪，多有童养媳，生儿时恐无力娶妇，先觅幼女养成之。

早婚　富家老媪喜弄孙，会儿孙十二三岁即为娶妇。桦皮厂有六岁丈夫奇谈。

晚嫁　富家择婿太苛，致误青春。老大亲亡，兄嫂为政，不得已迁就为人续弦。

外妇　华人娶日、俄妇女日多，国界租界接近，外妇亦渐慕华风。

丧 礼

红棺　寻常下等社会亦用之。

紫棺　贵家油作紫檀色，实则报马木为上，黄松、果子松次之，鲜有用黑漆者。

报庙　始死三日内，必赴附近之庙报神一次，告其人已死也。满俗揭幡三日。

作斋　三七、四七至七七，富家或念经，芦席搭棚，门前设鼓吹，僧徒大集。

堪舆　专看葬地风水，赖其术以食，并选择葬期。

纸扎　亲友送纸制童男女、车马之类，至葬地则焚之，今有扎汽车者。

丧服　仍用麻衣、麻冠，官绅临丧亦然。旗人穿孝百日。

三年　汉俗不过易布袍，戴白顶而已。

新服　臂上青纱，孝子不常用。官场出吊用之。开吊视亲之贫富不等。

成主　富家旧家用之，礼节不如旧日之繁，多于开吊时行之。

送葬　子孙执引徒步，亲友助执绋。

封树　凡墓地多古柏，保存惟谨。

第六十六章　卫　生

吉林省城饮松花江水，或谓大雨之后，山中兽之粪，流入江中，是以不洁。其实则省城十万人聚居，一切污浊沟渠皆归纳于江水，江沿厕所、垃圾场，废料所弃，经雨冲刷，无不足以损人民之健康。其他沿江居住各县亦如此，鲜有至江心吸清水者，亦鲜有用沙滤者，煮水至沸，可以防泻，每次传染，皆劳动不洁者，多受其殃。昔年鸦片流行，人民萎弱，今烟禁綦严，而俄境种烟，日商贩烟，且打吗啡针，其毒未减。未成年儿童，即吸纸烟，尤伤脑力。日妓纵欲放毒，又深入内地卖笑焉，亦人种之危机也。

省城各医院

官医院　普安胡同。

东洋医院　二道马头。

陆军医院　德胜街。

博济医院　河南街。

红十字会，防疫时亦设医院，平时著军衣，饬禁捐款。

浴　室

吉省浴室，因冬日卧炕，蒸发汗液甚多，是以浴室亦多。模拟京津之式，且传染欧洲、日本之风。女澡堂之兴，在京师、上海之前。

药 房

吉省药房，世一堂等家，只知高抬参茸之价，而日用之药，如头痛膏、仁丹之类，既让之东洋，且西洋补丸日多，服参茸者日少矣。然本省药材，可用者尚多也：

黄芪、黄柏、黄芩、石花、苦参、茵陈、桔梗、紫胡、百合、菊花、独活、艾叶、地榆、荆芥、防风、苍术、贯众、小蓟、□耳、远志、薄荷、泽兰、升麻、白芨、紫草、紫苏、狼毒、地丁、牵牛、茴香、红花、白芍、瞿麦、蓼实、高兰、浮萍、扁蓄、巷柏、萎蕤、藜芦、火麻仁、五味子、刘寄奴、白藓皮、羊蹄根、蓖麻子、鸡子草、牛蒡、旋覆花、山豆根、平贝母、威灵仙、豨莶草、地肤子、马齿苋、玫瑰、马兜铃、苍耳子、益母草、车前子、菟丝子、蒲公英、金银花、杏仁。

第十五篇　宗　教

第六十七章　孔　教

　　吉林孔教之最古者，当推宁安东京城，掘地得汉字碑文，断句可辨者云：下瞰台城，儒生盛于东观。字面端楷，盖国学碑。又得古镜一面，脊有偻𤟧□三字，盖金源之国书，亦仿汉字之体。当时建国荒漠，犹重道崇儒。辽、金、元、清之兴，盖尊孔教乃能安汉人之心。夷狄有君，五凤楼、紫禁城遗址，想见宫室礼制，以先王之法为归。今榛莽中丹碧琉璃，犹可考察。圣裔出塞垦植者尤众，以孔家烧锅为最著。省城文庙，在东莱门外，东连天坛古松，国教所以重祀天配孔也。民国十年，重修文庙，工程动用巨万，人皆尊孔教焉。

吉林人民道德

　　里巷胡同之名，已足以表之。五德之中，不偏于智，纯风如邹鲁焉。

　　仁　仁兴、仁和、里仁、居仁、安仁、同仁、崇仁、依仁各胡同。又有博爱、广居，皆近仁。

　　义　义喻、义久、十义、由义、忠义、博义、仁义各胡同。又有忠存、忠允、忠铭，皆近义。

　　礼　礼先、礼智各胡同。又有治安、治平、治化、致安、致康、致泰、久远、久安，皆近礼。

信　信治、信久、纯信、取信、信廉各胡同。又有十室胡同，亦取鲁论之圣训。

重修吉林省城孔子庙记

至圣纪元二千四百七十二年，大成圣诞，即大中华民国十年九月二十八日，夏正辛酉，八月二十七日。孔教会奎文阁讲经员林传甲，自京师至吉林省城，祇谒孔子庙。正值大兴土木，丹碧重新，开支省帑，数以巨万。庙在东关，基地广阔，近临松花江岸，泮水之滨。正值芹香时节，物候略迟，尚未经霜。瞻望檽星门，树以石坊，比他省木牌楼，实为巩固。其旧碑已仆者，正待扶植，东西官厅，各三大间，想见祀孔与祭者多。东为省牲亭，西为神厨，两端皆有乐器库。又北东祀名宦，西祀乡贤。入东门，循路以进，先瞻仰大成殿，正在翻盖黄瓦。父老曰，吉林风雪苦寒，砖土易裂，瓦屋易漏水，随时岁修。于戏美哉，昔圣人立教，最重自修，吾尝见内地僻县庙堂，有百年未修且驻兵者，其帅可夺，其民困于兵。惟山西孔庙，有宗圣会、洗心社、来复报，图书、博物馆附于庑下，人民信教笃而全省安。吉林官绅父老昆季，能重修文庙，洵自治之大本乎。《大中华吉林省地理志》之待修，亦自知之学，传甲负笈吉林，喜富庶之邦，进于文教，谨再拜阶下，载笔记之。

第六十八章　佛　教

吉林佛教，较奉、黑为盛。宁安城内外有大庙十七座，延吉有金佛寺，而铜佛寺尤繁盛。山河镇之西，头道沟有石佛寺，东宁有佛爷沟在城南，草莱未辟之前，有古塔歆立，约高数丈，旁有铜佛数尊，亦皆高尺有咫，今塔基已没，铜佛已渺，只留佛爷沟之名。古寺、古塔之存者，惟农安之隆安塔万金塔而已。各县寺宇甚多，如宾县之兴隆寺、保林寺、青龙寺，殿宇犹新，庙产尚裕。蒙古地方，有因喇嘛庙为地名者。宁古塔旧有前后和尚屯，是和尚苟不绝食，仍赖耕屯以为粮也。

吉林佛教之盛衰

初盛时　辽、金、元皆信番僧，古寺多六棱古碑。

全盛时　尊崇蒙古黄教，满人亦信仰之，汉军、汉人鲜有不信者。

大衰时　国人改寺观为学校，夺其庙产，以为破除迷信。

初复时　士人研究佛经者日多，非若山僧但念佛号。

渐复时　学校教员，亦认佛经为哲学，自由信仰，以为新奇。

佛家庙产之争执

阿城慈恩寺　有善主捐地百余垧，济福出家地三十九垧，为劝学所收归学款，准予拨还，以七成为学产，三成为庙产。

各县之庙产　学校已拆改自前清，势难还之寺观。年久寺僧亡失，亦鲜有争者。民国以来未决之案，则由地方分拨为多。

吉林各佛地

佛力岭　饶河佛力岭，在万山之中，一峰特起，曰佛力岭。山像佛形，特立不倚，海内外石佛像，无大于此者。佛顶无人迹，全身未加雕饰。

庙岭　岭在延吉者曰庙岭，在珲春者曰庙儿岭，皆采金伐木把头，发财后所修。山中柱石栋梁之巨，京师殿陛不如，胡匪或巢穴其间，无敢损坏。

双庙子　在东省铁路张家湾五十里，双庙相连，对双山子。相传系老夫妇同时出家，各修一庙。夫奉如来而中为关帝，曰老爷庙。妇祀白衣送子观音，俗曰娘娘庙，仍合称双庙。国人信仰，神莫重于关帝，佛莫重于观音，各乡几一致也。

第六十九章　道　教

吉林省城，道教之庙宇，则有玉皇阁、王母宫，北山又有真武庙，即玄武庙，清人讳玄改为真，近于玄天岭。别有紫霞宫之类甚多。全省道教地方之奇者，则有神仙洞，在延吉西北义松岭之东，洞中曾为有道之士静修之地。敦化南牡丹岭，西有玉皇顶，北有三清顶。皆道教入山修养之地。东宁张三沟，荒烟没径，雨后土崩，恒得钱、镜、箭镞，云是仙迹，而神仙洞尤奇。磐石西亦有仙人洞。各县道士庙宇，如宾县之朝阳观、朝阳宫，为道士所居而所奉者为关帝。其他火神、龙王各庙，亦多道士住持焉。

道家各洞宇

神仙洞　东宁小城子西南河岸，距城二十五里。悬崖壁立，高可百尺，下临急湍，不敢俯视。架高梯，越石磴，侧足而后进。始入尚可容身，渐进须鞠躬以行，过数十武，则黑暗如漆，逼窄如瓮，举首触额，行须扪壁。嗅之有土气，烛之火不燃，至极端，小如窦，不复进，掷以石，辘辘至渺不可闻而止。深幽无尽，众以为仙人曾居此，今仙踪已杳，只剩洞外双峰，山巅古寺，尚不失为名胜。

太虚洞　宾县城南八十五里，松峰山之中腰，有石洞焉，洞口镌"松峰山太虚洞"六字。入内则旁竖一石碑，高四尺宽一尺，文曰：先生姓曹讳道清，西楼人也，幼绝荤，无儿戏，更介拔俗。甫冠，辞亲就师。字残缺不辨。末顾荣安四年五月初五日立。碑阴刻有书逸驾定攀、考功张洞明、监斋高圆明、侍经苏守信、都讲郝洞脩、侍香王素贞、侍灯高一贞等人名。味所刻字义似道教家，其人亦必系汉族。但荣安年号不见史册，不辨岁月之远近也。

酒仙会　道家多晚年养老，原不戒酒，吕洞滨醉卧像，为道士所崇奉。阿城、宾县、双城、同宾一带，烧锅繁密地方，自前清光绪八年，商界已共组酒仙会，于商界最占势力。其职在经理每年应完酒税，按照各烧锅分摊解省，共完票银二万两。今烟酒公卖以后，此项会亦少矣。

龙王庙　在吉林松花江南巴尔虎屯。昔巴尔虎人，亦奉道教，今改归为国民学校久矣。住持旧道士仍喋喋诉讼，谓劝学所霸产。庙产非道士之私产，学校亦非劝学所长之私产，则未明世道也。

第七十章　回　教[①]

吉林省城回民，多聚居于北大街礼拜寺胡同，即因礼拜寺而得名，礼拜二字，起于回教入华所译，而耶稣袭之，皆礼拜我孔教之上帝也。回教礼拜日，与耶稣不同，惟回教人入寺礼拜，教外人不觉。不比耶教礼拜，不信教谓之星期、日曜，照例放假也。长春之北乐亭屯，哈尔滨之延爽街，皆回商所萃。回教不食猪肉，而牛肉为贩运大宗，卤鸡亦叫卖要品。省城有回民营，各县回民垦殖地方，亦往往以回民营为名。省城人多，是以礼拜寺亦分建三处。

各县回教之状况

阿城礼拜寺　在县治西街，全城回民仅七十余户，男女不过四百人，乃能集款建筑礼拜寺二十六间，规模宏大，知其信仰心坚，团体巩固也。

宁安礼拜寺　在县东地字五号，基地甚阔，回民百八十八户，男女

---

① 回教：伊斯兰教在中国的旧称。

千余人。

张家湾礼拜寺　德惠县回商数家，不如张家湾之盛，是以建寺于张家湾，农安回民亦附于此焉。

各县清真学校

长春　长春学校联合运动会，私立清真小学亦加入，有义勇精进之气概，并且分摊会款。在城西三道街，学款岁入二万五千吊以上云。

宁安　宁古塔回民不过二百户，光绪末回绅请以回民应捐纳之地租、铺捐、牲畜等捐，作为常年经费。凡屠牛及售与俄人者，均附收学捐，年支实银一千三百二十两，学额六十名，岁有进步。

滨江　城内清真寺，岁支六千元。在各私校中，较为整齐。

回教之清真馆

饮食店　滨江、长春、省城回族馆，除猪肉外，山珍海错，无一不与大教同。且名厨恃用鸡鸭汤会菜，回厨尤擅长。且回民善畜鸡鸭，成本廉于京师，是以获利。

外人奉回教者

鞑靼人　俄籍，在哈尔滨，或充巡警，或充马夫，无上流之营业。
土耳其人　有在哈埠营业者，回民争欢迎之。

第七十一章　萨玛教

萨玛教一作萨满教，不知所自始。据亚古德人云：萨玛教以前无宗教，惟起自何地、何时，则彼亦不知。西伯利亚及满洲、蒙古之土人，多信奉之。或云尝研究其教旨，与佛氏之默宗相似，疑所谓萨玛者，特沙门之转音耳。《北盟录》云：金人称女巫为萨满，或称珊蛮，盖金源时代，已有此教。然萨满术师，不如佛之禅师、耶之神甫得人崇敬，但以巫医卜并诸小术敛取财物耳。其言天神云：天有七层，其主神即上帝。又立三界之说，并以魔鬼吓人。凡百疾病，皆托之于魔鬼，而彼之能力，亦止能驱逐魔鬼而已。

萨玛教之三界

巴尔兰由尔查　上界，即天堂也，云为诸神所居。

额尔士伊都　中界，即现世也，云尝为净土，今则人类繁殖于此。

叶尔羌珠几牙几　下界，即地狱也，云为恶魔所居。

魔鬼之诞说

萨玛教云：魔鬼主罚罪人，其威棱覆遍人世。上帝恐其过虐，则遣诸神时时省察，防止其恶行，故萨玛之术师，为人祷于上帝，以求庇护。然术师又为魔鬼之奴隶，住于中界而通于上下界。盖其祖先在地狱中，以子孙为魔王之侍者，故凡操是术者，各有统系，而不许外人搀入。术师既侍魔王，故凡有建白，皆可与魔王直接。凡人之疾病，萨玛辄谓是人梦寐之际，神魂飞越，为魔王所捕得，若久而不释则其人必死。萨玛之术师，为之请于魔王，魔王释之，其病始愈。病愈之后，则索取报酬，谓以完献魔鬼之愿也。其人或死，则云其魂灵虽未为魔鬼所捕获，而迷失路径，至不能归。又云：人死之时，魔鬼捕其魂灵，巡回于其生前所经历之地，所至辄行罚焉。此巡回时，须至魔鬼所恁之十字架而止，故奉信其术者，其眷属欲减轻其刑罚，为之造作木形十字架于屋边或坟次。又自坟次归家，死魔往往踪人之后，然死魔畏火，故炽火于门前，一一超而过之。又取死人之衣以火焚之，亦以驱逐死魔，使不敢隐伏其中。

其诞妄不经如此，然确成一种宗教也。

又谓：能直向地狱呼其所欲之神以加害于人，盖彼受魔鬼之托，能福人、能祸人也。故信奉之者，事之唯谨，恐忤之而得祸也。满洲古祭礼，俄领鞑靼亦同风也。

第七十二章　耶　教

吉林省城，旧有天主堂，在回水湾子；耶稣堂在新开门外朝阳街，并附设基督教施医院。大抵天主教传布较早，耶稣教进行尤速。各属多有分堂，长春天主堂、耶稣堂并盛。哈尔滨俄人，多信从希腊教，一名东正教，自设教堂，传教力极薄弱。犹太人信仰犹太教，虽不传教，其人自信国虽亡而教不亡，终必复国，自有一种精神。今吉林各耶教势力，以基督教青年会与社会最接洽，童子部最活泼，救世军最鼓舞。西人旧教，不敌新教，新教之中，又推陈出新焉。吾孔教徒，当因时自奋也。

西教流行吉林各派别

罗马加得教　在省城。

布罗的司当教　在省城。

万国基督教　敦化沿路有之。省城基督教青年会，在河南街得地势。

福音堂　延吉铜佛寺。额穆县传教者多。省城福音堂，在新开门，亦系要冲。

加拿大长老会　延吉为盛。

洗礼会　延、珲最盛。

朝鲜基督会　延边及俄边多有，往往以教案酿成交涉。

耶教所办之慈善事业

施医院　传教之利器，能使之先信医，再信教。

育婴堂　教堂收养小儿，从小即受濡染，长大都能传教。

免费之学校　比私塾索薪，官学收费，感情较深，平民乐从。

给膳之学生　皆预备将来为本堂、本校终身服务者。

耶教所办之名誉事项

救世军　用军乐鼓吹，引动下流社会。

救国会　挟最好题目，联络上等社会。

祈祷会　太平洋和平，先期祈祷。

红十字会　曾在各县捐款，为人告发。

民教诉讼　天主教稍多。

第七十三章　杂　教

吉林之杂教，自天津传来者为在理教，多由工商人等所传播。又有扶乩者，假托仙佛诗人，以未来之祸福惑众，士人亦复为之。长岭县有三教寺，自称合三教而为一，莫知所宗。双阳县灵岩阁，有一种特别教，曾兴大狱。扶余宏济慈善会，自称善教，经理慈善事业，仍不免附设乩坛。拉林则有缘道教会，即前清严禁之皇天教，无知愚氓，被其诱惑，甚至荡产倾家，输捐入教，因此教会积资百万，买地修庙，主其教者惟女尼常法。此外狐仙堂、娘娘庙、五头、八头，种种淫祀，妇女迷信尤甚，宜牖之以归于正也。

京师分来各杂教

同善社、悟真社、守真社、

清季兴学，士大夫以破除迷信为天职，改庙宇办学校，提庙产为基金，雷厉风行，成为风会。今士大夫鲜有扶乩设坛者矣，世风之变何速耶。

狐仙堂之派别

大仙堂　讳狐言仙，尊之至也。

五仙堂　配以水仙、狐仙、蛇仙、猬仙、黄鼠仙为五仙，建五仙堂。

胡三太爷庙　狐仙第三子，能化白头翁，乡人信之，或但称三太爷。

胡大爷、胡二爷、胡大太太、二太太，亦塑泥像。

措托山川之神灵

山神　即系虎神。俗传山神能制虎豹，是以山中有人迹必有山神庙。近于矿山者，有矿丁所垒小石屋，或奉石主，镌山神之位。近于木植公司，则由木把修小木屋奉木主，村旁或有小茅屋，不但居民礼敬，即行人必拜。三月十六日诞期，赴庙烧香者极盛，平原地方无之。

江神　松花江一带居民，金谓江中有青牛独角神。每年开江之际，有文开、武开之别，文开则冰沉水底，武开则冰如山摧，谓由河神所致。冬日江面不冻者，则谓之青牛沟。旧俗开江后满载妇女一船，沉以祭江，今禁绝。

第十六篇　教　育

第七十四章　蒙　养<small>中华教育界</small>

吉林教育家，颇自居于幼稚，蒙养之基，实萌芽于曹提学使。家庭倡导，研究保育，古无专书，东、西洋译本亦少。曹氏经验，教育杂志，认为名家著述，流行全国，但创始之难，不在于经费，而在于人才。蒙养须用保姆，职兼乳媪教员焉，须完全师范毕业曾任初级国民教员，始可学保姆。乃京师、各省，多以考师范不及格者，改用保姆。吉林第一女子师范学校附属蒙养，班次不多，保姆毕业多次，罕有创立蒙养院者，各省亦然。吾国家庭教育，孝慈过于白人，又无女工厂，致妇人作工不能教养，是以蒙养园不发达也。

吉林儿童之最初教育

摇篮　流水不腐，户枢不蠹，常动故也。吉林生子，则系摇篮于皮带，悬之梁上，常推动之，儿乃熟睡，勖其好动也。鱼皮鞑子，则挂树上，外包红布，以避鸟兽。

棉衣　吉林天气极寒，室内尚温。儿童皆用棉衣，以练习受寒，坚其皮肤，亦古礼童子不裘裳之训也。

吉林家庭教育与蒙养

唱歌　吉林旧有歌谣，今学生家庭有先入学者，幼稚亦知唱歌，但不完全。

手工　旧日私塾，亦能折纸帽各工，不待教授。幼稚在家已能之。

谈话　有益训话，父母同心。无知儿童，或引诱骂人。

游戏　幼稚喜学童子军队，有尚武精神。人少或掷石以为戏，竹马则风同内地。

吉林家庭教育之恩物

小椅　适合儿童身材，则儿童爱坐。

小车　如牛车式，幼稚生绳牵以行。

响器　凡能敲击成声者，儿童皆认为乐器。自制竹管亦单简。

新物　衣履必爱新洁，不得谓儿童性浊也。火车、轮船小模型，多东洋货。

奇物　寻常之物，儿童未见以为奇也。

空钟　用两绳牵之，可练腕力。

踢毽　家庭自制，今多改为打球，且多跳绳、溜冰之戏，可练足力。

风筝　吉林新年，即放纸鸢，至清明前后。有航空思想之初步。

第七十五章　女　学

吉林女学晚兴，女德早已同化于内地，文庙之旁，有节孝祠焉。女子有幼稚时，每喜作小衣服为玩物，或以杯碟代碗作请客式，是以女红、家政二事，家庭教育已绰乎有余。旗族礼俗尤严，父母待女子最宽，翁姑待子妇甚严，或侍立不敢坐，不问不敢对，晨昏请安，不敢缺失，年节仍用拜跪，至为服从。及女学兴，日渐开放，旧俗本不缠足，无须提倡天足，走读即易，女子就学者日多，风气亦大变迁。学校课程既繁，女红、家政，有不如旧日者，手工、美术，焕然一新。女生有德国愿嫁军人之风，安心服务，女学其兴乎。

省立女子师范学校

附设高小、国民及模范蒙养院，在省城学院街魁星楼旧址，岁支经费三万元。分本科、预科共计六班。高小三班，国民四班，蒙养、职业各一班，学生二百零八人。旧有保姆班二十八人，今停止。家庭多省城政、学、绅、商各界，各县农家女子，来者不多。是以毕业服务者，多愿在省城附属小学、模范区国民学校，其升入北京高等女子师范者，不及十人。赴各县女子高等小学者，只限于原籍及铁路交通各大县而已。

省立女子中学校

教育部据全国教育联合会议决，女子中学太少。爰拟于省城先招一班，拟明年另招一班，再立新校。先成立一班，即附于女子师范学校开办。指定模范区第二高等小学校为校舍，因该处已有模范小学、县立小学，不及招新生也。民国十年九月一日，举行正式成立之礼，当不让滨江俄人女子中学喧宾夺主也。

各县女学状况

延吉 女高小生，曾经毕业，又招新生。将来分设女师范，以迪国民，不让强邻。

珲春 民国六年学生仅十五名，今又递增。男子高等小学九，比较仍十之九。

长春　女子职业学校,已有兴业工厂机器,学织爱国布、毛袜并缝纫。

伊通　女师范讲习所,成立较早。伊丹、乐山镇、二十家子、四台、二台,皆有女学。

双城　曾设县立女师已并,高小整齐,国民十校专教女子,比他县为最多。

滨江　虽设女子高等小学,然比之俄侨女子中学远甚,宜预筹第二女子中学。

磐石　女子高等学校既成,特设男女合校之国民学校,以为模范。

第七十六章　小　学吉林实施义务教育暂行办法

吉林省实施义务教育,略在各省之先。并于省城设模范区,以树风声,模范区以内各小学精神焕发。各县义务教育,分区实施,由县知事督饬劝学所处理,限至民国十七年一律办竣。各县自治区,暂适用原有之城镇、乡区,其新设治各县,原无城镇、乡区者,暂由现存警察区假定之。除省模范区不计外,分为四等。一等商埠及县城,二等三百户以上镇乡,三等一百户以上镇乡,四等不满一百户镇乡。学区面积适于通学,地方辽阔户口稀少之区得变通之。应设国民学校,以学龄儿童为准云。

区立国民学校

学级　每年学级,以四十人至六十人为率。第一年得增至七十人,减至三十人。

年级　初年一级者,增至四级。二级者增至八级。以上递推,人少者适用单级。

区立国民学校设齐之年限

一等区　民国十一年。　　二等区　民国十二年。

三等区　民国十五年。　　四等区　民国十七年。

各区设学计划书

（一）男女学龄儿童总数。（二）已就学男女学龄儿童数。（三）未就学学龄童数。（四）学区图说。（五）原有之款。（六）拟筹之款。

关于国民学校事项

（一）区立。（二）新设。（三）代用私立。均须呈报名称、位置、学级、添级、程限、基舍经常费之概算。（四）原有私塾，查明塾师姓名及学童数。

关于高等小学事项

省立模范高等小学校　已有商业补习科，商事要项，商品簿记。今又考查职业教育种类、设备、制造、社会需要及出口货。将来或升改省城甲、乙种商业学校。

省立模范区高等小学校　义务教育，本以国民教育为本。省会国民毕业，多在升学，不在谋生。惟国民教员，因钱法跌落，呈请加薪，现已裁班并校矣。

各县高等小学校　自前清时每县城必设一校，历年久，设备完，各市镇繁盛处亦设立，多有名无实。富室子弟多骄傲，若与中学师范同城，则知升学矣。

第七十七章　中　学

吉林中学校，由省立者四，私立者三。第一校八级，余均四级，但招生不免困难。外县城镇高等小学校毕业生，未能适于升学，省城第一中学，亦专办补习科一级，以为预备。省东北、东南二道，招生尤不易，农家因钱法毛荒，供给不足，虽长春、滨江，亦多中途辍业。依兰一带，有阻于匪乱，学生不敢来学，恐中途被绑票者，盖非富民子弟，无力入中学，富民子弟，又不尽好学。寒士学膳费，又多延欠。延吉中韩之民，受刺激深，学产巩固，庶造成中坚人物乎。

第一中学校

在省城志士胡同，即学院街，分校在蒙古旗旧址。清光绪三十三年开办，岁支二万五千四百余元。学生三百一十人，职教员全体共二十二人。今年增图书室,购书五百余种。上年刊行吉林一中周刊。名流过客，多特别讲演，增益德智尤多。考查身心表，亦能注重。

第二中学校

原系长春道立中学，学生一百二十二人，民国六、七年曾增为五级。旧有岁费一万八千余元，教育行政会议核减为一万四千五百元。理科仪器、化学药品，岁有增置，体育器械较完全，因先有武术部、球部、各种竞技、远足也。运动场则租自开埠局。第五班五十人，系补习班。防疫时卫生尤严。

第三中学校

原系滨江道立中学，校址在双城，学生一百五十三人，双城为地方富庶之区，各生家计充裕，志愿升学者，十居八九。不设于哈埠而设于此者，避市井习气也，经费亦较节省。

第四中学校

原系延吉道立中学，校址在宁安，学生五十七人。原有道中学学田，在延吉春阳乡者，七千一百余垧，在和龙山地一千零五十垧。现均收为省有，为第四中学之基产。

毓文中学校

系私立。校址在省城翠花胡同西官运胡同。民国六年三月创始，由省款补助及私人捐助，现领赵大鸡山林为校产。学生六班，正班四、预班二，现共一百八十人。校舍由学校承买官产处、官运局故宅，又买民房三十间为宿舍。

东华中学校

系私立。校址在哈埠公园，有官银号补助二千四百元，绅捐三万卢布，岁入一万二千元。学费每月二元，膳宿月六元，体育岁二元。学生二班七十人。

第七十八章　职　业

吉林实业学校，农、工、商各一，皆依甲种定章办理。农校有农科、林科，工校有应用化学学科、土木工科，商校于本科外，新设银行专修科。复于省城创始职业学校一所，分设木、金工两科。又会商省城总商会，设商业传习所一处，召集省垣各商店执事，授以必需之商业智识。各县乙种实业学校及实业补习科，均次第饬办。省城有私立乙种工业学校，以倡风气。然捐款初颇踊跃，仍难恃以持久。学生向学者，亦不如普通学校之盛，尚待职业教育家实力整顿。今长春筹有专款，仿照办理，贤达其继此而兴乎。

省立甲种农业学校

兼附设乙种农业学校，校址在省城东局子内。清光绪三十三年开办，岁支二万八千余元，减至二万三千七百元。农学本产，主要为作物、土壤、农具、肥料、蚕桑、畜产，未设专科，亦由农科研习。林学本科，主要为气象及森林测量、利用、保护、经济各目，尤重在造林。学生多来自农家。本省植物标本，在待采集，能使家庭籽种改良，收获加丰，庶有实用也。

省立甲种工业学校

校舍经费，皆归并农校，无法分析。分土、木工科，已习铁道工学、桥梁学。吉长路土们岭开隧道时，学生前往练习五十日，并经工程师教导。本省应修铁路甚多，果精研不懈，必为开山名匠。又分应用化学科、矿学大意，时间太少。本省产大豆，宜研豆精乳制造，旧日酱园陈腐，日本酱油，销行市上，愿应用化学科力求实用，无以小事而轻之。近发售洋酒，并在校内设立商店。

省立甲种商业学校

在滨江中东铁路租界，驻哈黑交涉局后院，岁支经费五千八百余元。原系吉、江两省合办俄文学校。元年六月，始完全划归省立，有学生六十七人。新增银行专修科四十八人。哈埠商务，向以俄人为多，学俄文者，毕业后营业便利，操纵中外通商而享其利，无投置闲散者，是以招考颇踊跃，而取录特严云。又因部视学意见，裁去英文，于俄文益专。校中陈列，有矿物八十余种。

省立职业学校

在省城德胜门外，民国九年秋季始业。开办费吉大洋二万元，半用于建筑，半用于设备。分金、工二班，木工一班，皆用本国工师为教习。制造市上常有之货物，最易销售，学生毕业后可以一技自立。曾考察上海职业学校办法，而科目原料用途，则就地方情形，研究实用也。

第七十九章　师　范

吉林师范学校，共分五区，视道区为密。第一校十级，余均五级，注重根本，力企完全。师范校数人数，多于中学。然按义务教育之进行，需用国民教员甚多，尚虑不敷。乃调查师范毕业生之优者，往往腾跃于议政、军警各界。服务者多在高等小学，鲜有任国民教员，甚至宁赋闲不就。因国民教员，除附属小学外，余皆因薪水不足自给，物色教员者恒苦资格不足。于是各县传习、讲习，由塾师改良者，遂承其乏。今检定小学教员，无法增薪，尚须筹维根本之计也。

省立第一师范学校

在省城东莱门外东局子内，前方言学堂旧址。附属第一、第二小学校，在东局子后院，文庙东。清光绪三十二年开办，每岁支出七万余元。所辖区域，分吉林、双阳、舒兰、额穆、桦甸、磐石七县，学生四百五十四人。特别训练，旧有褒奖状、思过录，有自省之精神。

省立第二师范学校

原为长春道立师范学校，附有师范讲习科，九年七月成立。辖有长春、农安、长岭、德惠、扶余、伊通六县，学生一百七十九人。昔年经费，由二万四千元，缩成二万元，尚能节省附属小学余款。每年以大洋千元添置图书仪器，校友会有杂志出版。近年整洁自习室，布置校园，采集标本日多。

省立第三师范学校

在阿城，系教育厅新立，九年十月开办。辖有阿城、宁安、穆棱、东宁、宾县、同宾、五常、榆树、双城、滨江十县。昔滨江道立师范原设于双城，今移阿城，为宁安近于铁路，学生就近来学。学生六十六人。且阿城富有考古资料，无滨江繁华败德之事，尤易修养也。

省立第四师范学校

原系延吉道立师范学校，九年七月成立。辖有延吉、珲春、和龙、汪清、敦化五县，延吉道立第二中学亦并入焉。学生八十九人。添修校舍，购置校具，亦日渐进行。垦民既多，于中国礼教，尚欠研究，修身训话，尤特别注意，俾知爱中国即爱祖国也。

省立第五师范学校

原系省立依兰师范讲习所，依兰道立中学改组，九年七月成立。辖依兰、方正、桦川、富锦、同江、绥远、饶河、宝清、勃利、虎林、密山十一县，学生六十二人。

第八十章 专 门

吉林专门教育，惟省城有法政专门学校一处，民国九年，始于法校添设经济科。哈埠甲种商业学校，添设银行专修科，尚未足以厌学子之求。其农业专校、工业专校，虽屡经计划，省款无著，未能实现。九年春，推广津帖留学国立高等以上学校，津贴名额增筹奖金数目，以资鼓励。至于出洋留学，则民国元年，经前学使选派，留日省全费生六名，半费生三名，县费生十二名。留美省费生六名，留欧省费生三名。九年，又增留日实业省半费生十二。留学经费，届期必付。国立大学，原在长春，勿让外人满洲大学也。

法政专门学校

校址　在德胜门外，原系巡警学校，大火后迁入之。今另修江南新校，迁往焉。

分科　政治经济科、法律科。

职教员　职员七人，教员十一人，有联席会议。

学生　政治经济四十八人，法律科二十八人，有雄辩会。

经费　一万四千五百八十二元。

吉林留东学之类别

省费　实数二十九人。分高师、高等、农大、高工、医专、矿专。日本大学一，早稻田二。

县费　实数廿二人。吉林、长春、伊通、德惠、双城、宁安、榆树县，有女生习音乐、美术。

旗费　实数二十二人。多在庆应大学，余则高师二，高等一。自费预备者十人。

自费　实数五十五人，多在东亚高等预备，北海道大学一，高工二，农、商各一。

吉林留学欧美学生状况

英　盖钦和因亲丧告假回国，表示留学生奔丧纯孝，由官资遣。

法　华法教育会，请暂行停送。勤工俭学，仍待救济。

美　留学官费生请加川资，自费请补官费，女生请补男额，竞争试验颇繁。

吉林升学京师学生状况

高师　毕业生已回籍服务，女高师亦升学，武昌、南京、沈阳高师，皆来文招生。

大学　多自顾留学欧美。试验资格较严，吉林以林冠英为冠，私立大学稍宽。

专门　农、工、医专门皆有之，然未盛也。哈埠新立工科大学，中俄合办。

第八十一章　社　会

吉林社会教育，省城图书馆，建自前清。宣统元二年大火，图书十万卷为烬，嗣后建馆购书，大致粗备。又设通俗图书馆，于公众运动场。讲演所、阅报室皆在焉，书亦数百种。教育品陈列所则附于省立图书馆。省城繁盛处，设置格言塔，又利用电杆书木牌、洋铁牌格言，沿街张挂。各县讲演乏人，六年秋季，省城设讲演传习所一处，毕业三十人，各回县担任讲演。又利用寒假，各中学校选三年级以上学生品端学粹者，各回原籍讲演，以资练习。电影园在粮米行，已停。苟多集有益之电片，于社会感化尤速焉。

图书馆之建置

省立图书馆　在魁星楼。附近中学、女师范、吉林高等小学。

省立通俗图书馆　在公共运动场。

私立通俗图书馆　在新开门内，地势颇佳。

各县通俗图书馆　伊通犹多古籍。

阅报室　各县无通俗图书馆，往往有阅报之处。

讲演所之建置

宣讲　前清旧名宣讲所，每县皆有，但终未见发达。长春则附有半日学校。

巡回　近年各县劝学所，有巡回讲员，周历市集。

讲题　每日必有一题。

分所　省城分河南街、牛马行。

通俗教育各事业

吉林通俗报社　间日发行，呈准分派各属。但收费不齐，销额亦滞，勉力支持。

改良戏曲　吉林劝学所，曾经改良，已辍。有人热心组织，东华中学又组新戏。

改良鼓书　吉林说大鼓书者，昔多今少，志士改良，殊难见效。

改良年画　乡民张贴，城内人张贴者甚少。阴历年底，直隶商人贩来。

露天学校　夏季，热心教员、年长学生，偶然为之。

公园　省城公园，在农事试验场，养人民之公德。滨江、长春、双阳等县亦有之。

公共体育场　举行运动会，设备体育器械。

第八十二章　学　田

吉林学田地，昔年开垦之始，如五官屯，原系牧场，荒无人烟，初垦三年，五经水患，十年期满，公众始得易佃，原佃户尚请愿省议会争持。关系学田，膏瘠不同。上等缴纳三石，中等二石，下等一石。其原有崇文书院学田，在桦甸者，即密什哈屯学田，二者均拨入省会模范区，办理小学。然被灾歉收之减免，秋成抗租之催索，事已繁多。至于拨留学田，吉林农安、滨江、伊通、长春，均未预留，而宝清、饶河，则划留稍易。双阳学田，拨自庙产。扶余、方正、珲春、延吉、榆树、依兰、宁安，各有学田。惟延吉春阳乡平顶山，归省立中学。

吉林学田重要地点

五官屯　吉林县属，近于乌拉街，大租二千三百四十一垧七亩五分。岁纳吉林县大租一千一百七十元。地势变迁，不堪耕者二百一十三垧。原纳钱五千二百七十四吊，粮三千六百零三石三斗，押租四万六千九百六十吊。

密什哈屯　桦甸县属，原租地三百零四垧，新丈者多三十五垧，原地每垧收小洋一元，或粮一石，计收一百七十元，粮五十一石七斗。

各县学田情形

有学田者凡十九县

扶余　满蒙学校产业。碱甸五千垧，草甸七千余垧。碱锅每家三方，草甸租四百。

方正　招佃地四千二百五十二垧，尚有浮多地。双阳、舒兰、同宾、宾县，皆仿行之。

榆树　盟恩站有熟地九十三垧，佃户领有蒙荒局执照。旋另拨庙产六十垧。

桦甸　头二道闲荒三十垧，城草沟闲荒三十垧，准拨归劝学所。

磐石　议以黑石、惠普两乡浮多赋捐，拨归教育费，未经核准。

依兰　吉省放荒，原拟每百垧留出二十分之一，作为学田，教育会呈请清查。

双阳　城西南荒废桑田，请拨归劝学所植林。

宁安　查明抛荒黑地为学田。

农安　民田购作学田者五百垧，由庙产拨者百一十二垧。

珲春　副署拨六千五百三十五垧，东沟浮多一千四百垧，实年收大洋五千余。

汪清　学田七百余垧，以人民私垦地充公。每年纳租一石或五六斗。

富锦　学田一千三百余垧，可垦者只二十七垧，丈荒四千五百垧，均属洼下地。

阿城　官荒三千七百八十七垧，尽属沟洼河甸。

敦化　二万余垧，收租者少。

第八十三章　同　化吉林教育公报

吉林本满洲故里，清初蒙古、汉军错屯而居，亦皆习为满语。同光间汉人出关日多，屯居者已渐习为汉语，惟满族聚处者尚仍其旧俗。至城市商廛则汉人十居八九，满人官四品以下者，率居城外二三十里处，晨则赴署，夕则归屯。四品以上职务较繁者，则不得不移居城内，子孙遂多习汉语。惟仕宦之家防闲子弟不使入庄岳之间，娶妇择屯中女不解汉语者，以保其旧俗。今则汉文为国文。满蒙中学既辍，无复习者。满蒙公牍，惟老前辈能译之。同化教育，转以延、珲、和、汪四县垦民教育为亟，由省费补助办理。

补助垦民教育费

总数　银元二万元分配如下：

延吉县　五千五百元。　珲春县　四千五百元。　和龙县　六千元。　汪清县　四千元。

补助各校项目有下列各款

一、教科书完全用审定本，并以国语教授。

一、每学级儿童三十人以上者。

一、教员曾在师范学校毕业，或经检定合格者。

其华垦合组之国民学校，专设有垦民学级者，亦得补助之。

补助之制限

一、每学级不得过大洋二百四十元。本年有余，留为下年拓充之用。

一、收支分配，由县知事督饬劝学所处理之。

一、督察员由教育厅特设，分赴四县学校考查。

一、督察员由教育厅职员指派，视察旅费，由省教育项下支给。

一、受补助之学校一律称代用学校，同区以第一、第二别之。

一、学校受补助者，春秋两季，应填报表册。由县知事报厅，方继续给费。

一、补助支给停止、撤销，由县知事呈延吉道署备案，教育部核准。

第十七篇　实　业

第八十四章　农　垦<small>吉林外纪　经世文编　地学杂志</small>

汉人移垦吉林，自清顺治丁酉科场始，吴江吴兆骞父兄妻子长流宁古塔，始有纪载。己酉（1669）流郑芝豹及郑成功之母。部将刘炎亦于康熙十六年流宁古塔。顺治国丧，金圣叹以哭庙、抗粮杀其身，妻子发配，至今子孙居宁安南金家沽。当康熙最盛时，遍设军台，命流人分守，号曰台丁，拨与田地，令耕种自给。中原华族，经冰天雪地之困苦，与虎狼为邻，求死不得，不得不以农业谋生，命妇跣足，敲冰出汲，虽觉可怜，其子孙乃拥大地而成世家豪族。今燕、齐之民争至，领地不得者，已设清理田赋局，于省城白旗堆子。

铭安将军整顿满洲之政策

一、增设行政区域。二、军政之统辖，限于满人，汉人立于民政管辖之下。三、提倡保甲团练，防御盗匪。四、奖励士子。晓谕良民，教育子弟。五、稽查汉人占有土地征收赋税，振理财源。六、官有土地给与民间，无论满人、汉人，均得沐其恩典。七、开汉人妇女出长城之禁。八、淘汰昏庸官吏，革除弊习。

清廷奖励殖民之方法

一、凡可耕未垦之地，每百亩定价四串，卖与人民，但每人以购千亩为限。又无资购买，愿领地耕作者，每百亩纳地租六百文。

二、官有荒地，付民间开垦，初免税五年，俟垦地基固时，每百亩纳租金六百六十文。此五年免税，专为垦地最少者规定之。至开垦达数千亩以上者，经若干年纳租后，即归为己有矣。

三、毗连南乌苏里地方，气候严寒，地味亦瘠，热心开垦者甚少，故凡愿移居此地者，不独免纳租税，政府补助经费三十二两，藉资购置农器、牛马、建屋。半纳现金，半给食料。十年以来，沿边数十万亩之旷田，悉为勤俭耐劳之汉人产业。

汉人拓殖事业之发展

初至时，为满人佃人，披荆斩棘，茹苦含辛。满人不解农事，渐至变卖土地，归于佃户，满人固有荒地，亦多私卖、私典与汉人者。蒙古王公荒地，亦多私招汉人开垦，其杰出者为揽头，包揽大段，招户分垦。无业人民依以为食，名曰傍亲，或曰傍青。

第八十五章　森　林

东三省林务局，因天产之丰，长白山脉一带，窝集深邃，于吉林省亦自设森林局。窝集作渥集，或称乌稽，又书兀稽。稽之各书，皆谓松树约占全森林之四五，然近日调查，不过十之一二。盖自鸭绿江采木公司成，而林木大减。且从采樵者，必先就森林面积极广处，及交通便利之地，择良材而伐之，材尽则更徙，农民即其地而开垦。亦有不待采樵，竟焚之而开垦者。甚至烧毁全山，一木不留。如长春、濛江、五常等处，无不皆然，毁害森林，莫此为甚。若不从速讲求保护，则此后土瘠河枯，蒙古之平原不难见于此矣。

清代禁止采伐森林之原因

一、为祖宗发祥之地，保其威严。

二、藉可防御北方劲敌之侵入。

三、可供八旗子弟为田猎习武之区。

吉林省之林区

长白山森林　蜿蜒于省南及朝鲜北境，东自平顶山，西迄奉天界及伊尔哈雅范山，南临鸭绿江，北至尔雅蛮哈建山，广袤千里。针叶树居十之七，阔叶树居十之三。就中以松、柞、榆、桦最多，柏、桧、榛、杨次之，大者高十余丈。

图们江上流森林　大半在朝鲜，省内仅有布尔哈通河、吉雅河及珲春河等处。以楸、椵、松、桦、柞等树最多，最大者高七八丈。

松花江上流森林　仅二道江沿岸一带森林，岁出木材即有三千余根。柞居什五，松、柏什三，榆、椵各一。他如穆琴河、五虎石及八大河等处，皆盛产之。松之大者高二十丈。岁产木材数万根，价值数万元，即薪材亦达万元左右。

小白山森林　东自宁安，西至拉林河、张广才岭一带，盛产楸、杨、榆，松、桦、柳亦多。

纳丹哈达拉山脉森林　在宁安东北，围牡丹江、穆棱河、松花江、乌苏里江一带。

拉林河上流森林　小白山西侧四合川地方，为林产要区，多产松树，桦、榆次之。

牡丹江上流森林　沿岸古已采伐，今乏良材。宁安附近多松，百十丈，专供材用。

锡呼特阿岭森林及庙尔岭森林　傍东省路线，今少良木。距路稍远，犹多森林。

此外尚有密山县森林、依兰地方森林、诸罗河上流森林等处亦夥，不遑枚举。

第八十六章　蔬　圃

吉林之蔬圃，多围绕省城之附郭，官商所集需用日多。蔬圃地价昂于大田数倍，种植蔬圃之人工、肥料，亦多于大田数倍，所获利益亦数倍。省城之小菜场，俗谓之菜楼，其荷菜担以叫卖于市者，多送入住户，各有经常主顾。各县人民多自种自食，附住宅之近处，析大田之一隅，使妇孺种植之，已成习俗。北方食菜，恒比南方加多，霜降以后，野无青草，是以民家皆作酸菜，足一冬之用，为数以缸计。其余则风干之菜，亦为补助之大宗，价值比京师较廉，因土沃也。

吉林之蔬类

菘　即白菜，冬日可窖藏，可作酸菜，味肥美过于内地。如木类之松，洵蔬之第一。

莱菔　即萝卜，可作萝卜干，冬日亦可藏。本与人参为同类，其最甘者可炼糖。

山药　长而肥，白洁如玉，宜蒸食，京师视为席上珍。山药泥可作甜菜。

豇豆　细而嫩，秋分后京师豇豆已老，此地始上市，味胜于京师。

辣椒　圆满红润，比京师肥大，而价值亦廉。

芸苔　东宁产之，省城罕见。

芫荽　俗名香菜，人有嗜之者，亦有不食者。

苋　昔日野生，今始列为菜蔬。又有冬苋菜，昔采为猪食，今亦知味，俗名大手巾。

姜　姜芽极嫩，可作酱姜。省城市上，多由南方运至，因种者少也。

芹　泮宫旁甚香，可常食。

菠　寻常菜汤所用，可配豆腐。

葱　比内地肥大，用以佐烧猪、烧鸭筵席。和以甜酱，夹以薄饼，内省之葱不如也。

蒜　冬日盆栽，置火炕上，是以蒜头受热力大，无异夏时。葱亦然。

韭　韭菜与蒜，南满医士证有杀菌能力，菜园中韭菜根亦多年生物，壅肥极厚。

茄　味腴厚，划为龟纹，油炸之尤美。

芥　又有大头菜，延、珲一带产之。

葫芦　江东甚美。

瓜　南瓜用以作粗菜。西瓜、香瓜则视为果品。

第八十七章　花　园

吉林人家，院宇广大，多就地种花。其花种来自内地者，或不甚发达；其来自俄属西伯利亚者，则欣欣向荣，多古人花谱所无。夏秋间花最繁，红花绿叶，直至霜降始萎。木本之花，只有丁香树一种，性最耐寒。昔省城桃园之桃，华而不实，因发叶开花并晚。今有新桃园，树木十年，居然结果，而且甘美，足见人为。杏花、李花、樱花，有成林者，皆端午前后开花。榆树梅叶，似榆而花号梅，重台密萼，似日本樱花，不耐久也。夹竹桃则不能生于地面，花桶中种之亦成小树。其他普通花卉，冬日则藏于花窖焉。

吉林常见之花卉

萱花　古称忘忧草，今号金针菜，俗名黄花，为干菜之一种，郊外蕃生。

葵花　又名向日葵，高过于人，开黄花成盘，结子极多，家庭幼稚，种植最宜。

芍药　野生者弥山野，空谷自芳，开荒后日少一日，移之庭园便成玩物。

菊花　年老退闲之人喜养之，爱护周至。虽能耐霜，然寒时则移之户内。

江西辣　即八月菊，容易生活，种之者较多，开花较早，赏玩较久也。

月季　种类极多，单瓣野生，双瓣者家生。俄国传来黄月季一种，俗名老虎王。

凤仙　妇女取其红花染指甲，又有白色、粉红、浅绿各种。

玉簪　花白似玉，皆盆栽。

鸡冠花　形似鸡冠，愈老愈红，亦有白色一种。

海棠　翠海棠、秋海棠。

十样景　小盆所栽，儿女辈爱之。

万年青　冬日盆置客坐，前清用为吉语。

高丽菊　属邦小品，托大国边土而生，仍有凌霜之气。

洋绣球　红及粉红二种。

霸王鞭　圆形如棍，绿色有刺。

仙人掌　扁形如掌，种类甚多。

仙人头　或呼为山形拳，若颈细而头稍大。

仙人扇　作扇形，为仙人掌之大者。

第八十八章　渔　猎

吉林山高水长，长白山脉为行猎最大之围场。前清以骑射得天下，康熙、乾隆之盛，虽天子犹亲御弧矢，是以尚武之风，沿边一致，俄人慑于积威，相安者几二百年。嗣后国威渐替，等于守府，围场业已放荒，行猎之人，或渐进于农。今山中野兽多，大抵皆猎夫营业，非昔日将军盘马，百校前驱，如孔子所谓猎较也。渔业产地，则自松花江以放乎东海，昔年皆我渔场，今沿海失地，主权不属。昔年沿江网房多，获鱼亦多。渔户仅存十之一二，盖从前白鱼圈、黄鱼圈迎流截鱼，无异竭泽，今利薄而人改业矣。

最近捕鱼之状况

拉网　普通长十余丈，宽一丈，一端挂于岸，一端载重沉于江，徐徐收网即得鱼。

冻网　一名串领网，长五丈。凿江冰为长沟，顺流下网。冰合，引至无冰处，即得鱼。

渔叉　木竿带钩，掷水取鱼。

铁铰子　用于鱼多之处，兜围四周，抬起得鱼。

挡亮子　柳条编成，置水中流，取退水鱼。

渔罩　上大下小，取浅水鳅鳝。

天然之渔场

松花江　产鳃、鲫、鲢、鲑、鲶、鲈、干条、鳌花、草根、胖头、黄鱼等，而白鱼最著名。

牡丹江　产鲤、鲫、鲢、鲶、细鳞、怀子等鱼。五子户附近为渔业根据地。

图们江　产鲑、鳟等鱼。

绥芬河　产鲑、鳟、鲶、细鳞、胖头等鱼。

兴凯湖　产鲤、鲶、鳇、干条、捣子、怀子、黄鱼等。

乌苏里江　产鲤、鲫、鲢、怀子、细鳞、胖头、草根、黄鱼等。

最近行猎之状况

猎人　除三姓各种人以为世业外，各县猎夫有农隙营业者，专业猎户较少。

猎地　省城附近大山，各县近城之山，皆少有。深山积雪居人少者，皆可行猎。

猎法　新式洋枪，由日俄输入，自制火枪亦可用。用队趟取貂，陷井制虎豹。

猎品　冬日野鸡最多，入市销售易。其得珍贵皮张者，其利倍于农商，故多冒险。

猎团　红团专于春残取鹿茸。战团集多人，合围掩群。穷团随兽踪追蹑二三焉。

第八十九章　工　厂国货调查录

世界工人受值之廉，作工之勤，无过于华工者。东省铁路公司，工务执斤掘土，负图版筑者，皆山东人。机务各匠，则多来自津、沽。哈埠间有南人。华工多在下级，纵艺术优良，总不逮俄工所得之多。糖厂、纱厂，尤赖华工。工厂最大者为烧锅，豆油、豆食及面粉公司次之。今滨江油房，由倭人包买，豆饼悉由南满运出。火磨面厂，省城有恒茂，各大埠亦多有之。机器锯木亦曰火锯，则萃于省城下游之东大滩。民智日开，人生亦勤，国货发达。上年哈埠秦家冈，有中俄合办工业大学，有土木、机械、电气等科，并附以工厂实习云。

吉林各工厂

省立工艺厂　省城巴尔虎门外，所织有五色国货旗牌，各色花纹布及中西各式桌椅。地球、松竹牌大支吕宋烟卷，香味尤佳。

旗务工厂　省城西关织醒狮牌改良布疋，绒毛线袜，毛巾被褥袍料，西式木器。

福昌织袜厂　哈尔滨道里中国十一道街，织各种线袜。又有东陲织袜公司。

镇远公司　哈尔滨织丝光布及各色花布。

丰顺公司制蜡厂　滨江傅家甸升平街，制蝴蝶印牌洋烛。经理人王允升，资本三万元，翌年获利四万元。

新华两合公司　宁安城南江沿，制国旗麦捆牌面粉。

永远面粉公司　阿城县，制麦穗牌面粉。

亚洲制粉公司　长春二道沟。

天兴面粉公司　依兰西关，制醒狮图牌面粉。

成发祥、成泰义及东亚粉厂　三厂皆在哈尔滨，制牛、地球、国旗等牌面粉。

烟草工厂　哈尔滨里华三道街，制烟卷甬烟纸。

振兴和记机器　哈尔滨，造汽轮船、车、电话、电灯、打米等机。

同记制帽厂　哈尔滨，制各种草帽。

顺丰公司　哈尔滨，制各种纸料。

天惠公司　长春华兴镇，制五族共和牌造碱。

增昌火柴工厂　省城西营，国货畅销，年底结账，恒获厚利。

第九十章　作　坊

　　吉林省城有工务总会，在河南街。旧日工人，颇有团体。但昔日则分省、分县成帮，今则继农会、商会之后，渐有大团体。然俄边一带华工会，往往传播过激主义，秘密结社希图扰乱。此项华工但知劳动，并无技能。若各作坊之工徒，皆以一艺自立。盖上古至单简之工，始于结绳，尚有三十余家。而最新与科学有关系者，如照像馆亦多至二十家。印刷所，大小二十家，铅印能印书报，石印亦印名片、广告。今金工、木工，百业发达，衣食所资，又踵事增华也。

吉林各作坊在省城者

　　金银楼即首饰楼，共十四家。河南街之装饰美术品，比于京津。铜器店三十五家。修整钟表二十二家。锡器店十五家。铁器店十六家，铧子炉多售农器。以上金工。

　　木材店五十四家。木器店一百二十六家。刻字店十家。造车店四十四家。马具店一十六家。以上木工。

　　皮货店九十一家。估衣店二十三家。帽子店二十三家。靴店五十六家。鞋店八十五家。裁缝店七十六家。染坊三十七家。洗衣店十二家。以上衣服。

饮食店一百二十二家。酒铺十八家。茶店十二家。粮店五十家。屠兽店二十家。肉店五十二家。果腊店三十三家。酱油店三十家。制粉店三十五家。叶子烟店三十六家。以上饮食。

第九十一章　商　埠

吉林边壤，以移民增加，窝棚林立，社会雏形，完全成立。山东人既矢志于农，直隶人乃从事于商，以乐亭人为最多，津、保人为最富，往往一家商店之名，进而为镇之名。各处烧锅业兼营钱业，并卖杂货，凡以泉字为地名者，大抵为烧锅所在。其货物有上自绸缎下而葱蒜之说，于是成邑、成都。凡滨江、长春大地千金之处，皆昔年荒榛无人，狐鼠所宅也。惟商埠因外人铁路势力开放，往往喧宾夺主，然主权所在，如滨江业已收回。但日本领事署所在，警察署损我国权，邮便局不即撤去，尤背万国之公法也。

吉林省之商埠

乌苏里河　咸丰八年俄约。

哈尔滨　光绪三十一年日本约，宣统三年五月十四日设滨江关。有俄日领事。

珲春　光绪三十一年日本约，三十三年五月十八日设珲春关。

吉林省城　光绪三十一年日本约，三十二年十二月开。日本领事驻之。

长春　即宽城子，光绪三十一年日本约，三十二年十二月开，日本领事驻之。

宁古塔　光绪三十一年日本约，三十三年五月开。

三姓　光绪三十一年日本约，宣统元年五月十四日设三姓分关。

局子街　宣统元年中日图们江界约，九月开，日本领事驻之。

龙井村　宣统元年中日图们江界约，九月设龙井村分关，日本总领事驻之。

头道沟　宣统元年中日图们江界约，九月开，日本领事驻之。

百草沟　宣统元年中日图们江界约，九月开，日本领事驻之。

商埠外商之犯我国法者

贩运鸦片　吉省禁烟，三令五申，十余年未能肃清，皆由俄境滥种，倭人善犯。

私卖吗啡　吉省下流社会，扎吗啡针过瘾，皆由日本药房公然出售。

私售枪弹　吉省胡匪所用枪弹，多由俄国败军所卖。倭寇亦愿以利器济匪。

流娼卖淫　吉省内地县城，亦时有日本娼，东宁多至百家，且自谓照杂居条约。

私开小押　吉省村镇，亦有倭人私开小押，短期厚利，典当因以倒闭者甚多。

纵赌无耻　吉省沿边，倭人设种种赌场，引诱华人纵赌，彼则抽头获利。

第九十二章　商　行

吉林大商行由永衡官银号营业者，则有永衡粮栈、永衡长典当、永衡印书局，以及永衡茂、永衡泰各字号，皆各分支店。经营大宗商业，与各银行对峙，而与地方最为密切，偏僻乡镇，有不收用现银元，而收藏永衡官帖者，谁谓民不信官耶。太顺银号以及各家钱庄，无不以放债、收粮为第一大宗，仍转售于外国商行而坐收其利。外国商行则挟洋货以来，易土货以出，利什倍焉。滨江洋行林立，洋货华丽，今有华商自办大罗商场，百货骈罗，亦最新之气象也。

吉林商行之状况

省城总商会在财神庙。

钱行　与市价极有关系，现大洋、铜元日少，纸币跌落，皆钱行上下其手所成。

粮食行　与店家及农家关系至密。时价涨落无定，稍贪利益动虞亏折。

药行　与参行极有关系，运销内地，愈远价愈昂。山货到柜，出门立增数倍。

当行　商人营业之大者，昔盛今衰。因银行有大宗押现，而旧衣变卖处太多。

杂货行　不问中外货物，但求销路多，或于绸缎庄附设之，亦巨商之一端。

倭人之商行

三井洋行，新开门外。三井木厂，久安胡同。三井公馆，头道花园。山本洋行，新开门外。三菱公馆，久兴胡同东马路。丸田商行，东马路。大久保洋行，粮米行。东洋医院，二道码头。吉林磷寸株式会社，东大滩。吉林仓库金融株式会社，吉长车站。丸天商行，魁星楼。东野洋行，德胜街。东洋烟叶公司，东关昌邑屯。朝日馆，普安胡同。南满铁路公司，回水湾子。朝鲜银行，河南街。松本洋服店，新开门外。东亚烟公司，西大街。阿川材木部，东大滩。

省城日人四百四十一户，男六百六十五，女五百一十五，长春更繁多矣。

西人之商行

美孚洋行，北大街。美孚栈房，铁路旁各站皆有。美人几于专利，东亚无抗者。

亚细亚洋行，西大街。亚细亚栈，铁路旁各站皆有。英商与美商相竞。

太古洋行　西商在省营业者少，不如滨江、长春对外交易之盛。

英美烟公司　近年南洋兄弟公司，稍分其利。哈埠英商老巴夺公司，亦制烟卷。

第九十三章　商　品

吉林之商品，以粮食为大宗。乃秋收不歉，而面价大涨，省城设火磨公司后，外县来源顿减，是公司之居奇抬价，贪重利而不顾民生，转不如乡村磨坊自磨自食。地方遍灾，往往禁粮出口，奸商仍囤积贩运以出口，谓之粮把。粮涨则百货无不涨，而纸币日跌，然出口货，舍此并无大宗。财政部曾经禁运，本省虑谷贱伤农。除北五省灾区购运外，仍属存积过多，若加禁阻，则民生国税，立现停滞。是东三省货币，吉、江最滥，所恃以化虚于实，能吸出国外现金者止此。其余各货，多京师、各省自销而已。

吉林之皮货

民国八年，吉林商务总会，调查数目大略如下：

灰鼠皮六百枚，狐皮千枚，虎皮三十枚，猫皮八千枚，海豹皮四百枚，羊皮六千枚，牛皮六千枚，水獭皮二千枚，狗皮一万枚，貂皮三千枚，貉狸皮三百枚，豹皮五千枚，狼皮五百枚，马皮五百枚，貉皮一万枚，山狸皮六千枚，鹿皮三百枚，猪鬃马尾亦入此类。

吉林之药品

每年产额，虽无确数，据商会及商家之调查大略如下：

大山参五百两，鹿茸七十斤，细辛一万斤，防风四万斤，党参一万斤，木贼三千斤。参糖亦为礼物一种，每盒每斤一元。熊胆、獐脐、鹿胎亦重。

吉林之山货

花蘑、榆蘑、冻蘑即元蘑、榛蘑、口蘑、木耳、瓜子、葵花子、大椒、红枣、核桃、山鸡、野猪、狍鹿、哈什蟆、各果品。

吉林之土产

苏油、豆油、麻油、糖萝布、牛羊猪油、蓝靛、茶条菜、线麻、苎麻、芝麻、土面碱、缸瓦、黄烟、杂烟、鸡卵。

吉林大宗货物

粮石、木植、木炭、木杆、石头、石灰、煤、家畜即屠宰、洋草、杂鱼。

吉林工作货物

柞蚕丝、柳蚕丝、毛头纸、栽绒毯。

吉林输入重要商品

国货　绸缎、土布、火腿、绍酒、书籍、纸张、水果。

东洋货　药丸、磁器、钟表、海菜。

西洋货　洋油、洋布、洋呢、洋毡、时辰表、颜料。

第九十四章　货　币

开荒以前地方殷富，所用现银元宝约五十两一块，辅以制钱，现货交易。自俄人内侵，始行羌帖。日本战胜，始用老头票。本省初行永衡官帖，尚未与现货相离，积久低落，至今每现大洋国币一圆，换钱帖至一百余吊，每吊只当铜圆二枚。小洋票一角，亦跌至钱帖一吊，市价多自二吊、二角起码，官银号积亏已五万万吊。历年垫支军政费，多至大洋三千万圆，发行官帖，已患其多。各大埠以外，小县私帖充斥，且小帖甚少，零用不便，商家私帖，势难禁遏也。本省所用现大洋票，转以哈尔滨为主，永衡纸大洋复落焉。

吉林各银行

中国银行　省城粮米行、哈埠正阳街、长春西三道街，延吉亦有分行，信用最著。

永衡官银钱号　省城西大街，有省银行之性质。

吉林银行　在新开门外。

交通银行　省城河南街、哈埠正阳街、长春西三道街。

商业银行　新开门外。

殖边银行　省城河南街、长春北大街、哈埠二道街。

平和银行　在新开门外。

东三省银行　省城河南街。哈埠、长春以外，如下九台、范家屯，亦设分行。

永衡纸大洋之比较

现大洋　一百吊。现洋流入俄境、蒙境，即被窖藏，是以不复。铜圆则流入京、津。

纸大洋　七十吊二百，略当十分之七而强。

永衡官帖之用

买粮　各大埠利用大票，购大宗之粮食。

土货　各县土产，皆以官帖定位。

流通　全省流行，不需汇兑。近日则嫌不易多带。

私帖大宗已禁者

哈埠道里商会　因不归县署管辖，咨行滨江道尹查禁。

长春满蒙银行　已设分行十二处，行使私帖一千五百万，由财政厅封禁。

松江林业公司　驻蛟河，滥发私币，有千吊、五百吊大张，由额穆县饬警收回。

外国银行在滨江长春者

汇丰，不出纸币，道胜，羌帖无行情，今禁止入口。正金，朝鲜银行金票四千万元之巨，不用正金老头票，其价格较高。

第九十五章　公　司

　　吉林企业之公司，往往外人经营得利，华商自办不免于失败者。若长春之粮石货币交易信托公司，吉林商会设农产货币信托公司，则商战之一博，俗指为捣钱把、粮把是也。财政厅严加限制，定期交易，不得逾一月，粮石则限制三月。财政厅收其基金总额四分之一，妥存分金库，作为押款，并于公司佣费内，征税十分之一，至十分之三。本省公司，多省城巨绅、巨商发起，是以事务所云集省城。或有私借外款，自称华股者，则外人傀儡耳。然昔日与俄人合资者，今已完全华股，则欧战后俄人不支也。

省城现有各公司

　　天图铁路公司　二合号胡同，筹办天宝山至图们江铁路。

　　老头沟煤矿公司　三道码头。

　　安抚林业公司　东团山子，虽系奉境，实松花江上源，恃省城为销路。

　　恒茂火磨公司　东营大马路。

　　富宁造纸公司　二道码头。

　　制材公司　东大滩、昌邑屯，有机器火锯，为解木之用。

　　木材公司　新开门外东马路，租用吉林县学田地为轻便铁路。

　　黄川采木公司　二道码头。采黄花甸子、四合川木植，因违章停办。

　　华森公司　粮米行。虽日本人投资，无非放款于中国木把，收买木植还账。

　　丰材公司　新开门外。

中华洋烛公司　德胜街。

同丰公司　吉长车站。

松江林业公司　东大滩。近年有兴木税货牙公司，包揽一切。

源兴公司　二道码头。

贸易公司　新开门外。

信托公司　财神庙内。钱行受其操纵，名为商战，无异大赌，有贪小利而破产者。

贷款公司　吉林县东。然抵押品为贵重，利息尤厚，期限更严。

货牙公司　省城有粮食、烟、麻货牙。长春、农安、扶余有粮食、牲畜货牙。余仅粮食。

第十八篇　交　通

第九十六章　东省干路

俄人自经营海参崴军港，筹划连接西伯利亚之铁路线。原定绕行黑龙江外，今沿乌苏里江，由海参崴至哈巴灵甫斯克之铁路，及沿鄂嫩河，由开他鲁佛，经尼布楚，至斯托列汀斯克之铁路，皆当日原定线之一段也。自清光绪二十二年，中俄结喀希尼密约，许俄修路贯穿黑省、蒙古、吉林，东清铁路大干线于以成。二十三年七月兴工，至二十七年十一月告竣。自胪滨至海参崴，共长二千八百十六里，东清铁路合同第十二款谓全线告成后，越三十六年，中国有赎回权，越八十年，有没收权。今因俄乱收回焉。

东省干路之各站　昔日用俄文无华字，是以名称不一。

旧哈尔滨　哈埠今为特别区市政警察第一署。江桥长二百七十丈。

阿什河　即今之阿城县。

三层甸子　又作三层店子。

老爷岭　又称为小岭。

帽儿山　又作猫山。

乌吉密　今拟设治，析同宾县南，俾铁路旁易发展。

一面坡　驻兵防匪重地。

苇沙河　今拟设治。

石头河子

高岭子 又作交岭子。

横道河子 为特别区警察第三署治所，俄人拘留者极多。

上石 吉林图作小岩，东省铁路合同成案要览作山西。

海林 为宁安县出入之大站。

牡丹江 有铁桥，东南有俄商火锯。

磨刀石

抬马沟 又作枏马沟。

穆棱河 又译作美岭。

马家河 又作马桥河。

太平岭

细鳞河 又名七站，有支入北山。

绥芬 又名六站。

绥芬河 五站。

格罗结夫 为交界驿。

管理东省铁路续订合同

一、因以库平银五百万入股，与华俄道胜银行合伙，建造经理东省铁路。

二、因中国政府接济该路款项。

三、俄政紊乱，致失管理、维持该路能力。

四、中国政府以领土主权之关系，管理维持公共交通，实行保护整顿责任。

第九十七章　东省支路

清光绪二十四年，俄租借旅顺口大连湾，并约定由东清干路择站筑支路达旅大，是为东清铁路南满洲支路，据有海参崴、旅顺、大连，以哈尔滨为中枢，俄人野心于是日纵，所以酿成日俄之战。由是年六月兴工，二十七年十一月全路告成，自哈尔滨至旅顺，计长千八百二十里。今除长春以南，割归日本外，实长四百三十八里。今支路收为特别区，警察第二署设于二道沟。东省干支两路，为俄皇发展西伯利亚铁路，延长至海，徒取直线，不经由省会，自以为另辟新市，不知运费亏赔，已为俄人第一失策矣。

东省支路之各站

哈尔滨　分支处俄人以为第一松花江，因陶赖昭尚有第二松花江也。为铁路一等车站，规模雄大，附有饮食店、杂货、书摊、邮电合局。支路至此，接于正干。

五家　五等小站。

双城堡　今之双城县，哈尔滨之滨江县地亩，均由此析。居民殷实，土地膏腴，农产运销既便，地方教育、实业，有日新之象。

蔡家沟　蔡氏为双城巨族，其家庭原垦地，正当铁路之冲，出入既便，游学于外者崛起。近年简任要职，至吉长道尹焉。

石头城子　亦系四等站，镇市繁盛，邮路尤分布甚远。冬令上下，粮食极多。

陶赖昭　为第二松花江，即吉长路未成时，小轮船由此溯流，直达吉林省城。今小轮船载来客货，上下者仍不少。有小支路一条，直达江岸。

窑门　松花江之南岸，有机关车停车场，并增水塔，为此路之中心。

往来之车，由此换车头，或交互通过。

张家湾　为农安、德惠、郭旗出入之要站，上下客货甚多。

卜海　一名乌海。站之左右，亦有邮路分歧。

米沙子　俄人路政不修，铁路两旁不植树木。停车场地方，不准负贩食物。

宽城子　与日本南满火车相接，而上车、下车秩序，日人尚严，俄人尚宽。一治一乱各异，吾国当求根本改革也。

东路二线，价值四千万元以上，一年内曾获利三千万元。募债二千余万元无妨。

第九十八章　吉长铁路

此路依中日协约，日本得有此路之投资权，及对于资本半额之权利，及任用日人为技师长之约是也。协约成，测得南北中三道，我主北道，彼主南道，协议结果，卒定北道。全线长七十八哩四十锁，铁桥共长百零六丈，隧道贯土门岭。全线勾配共八哩余，以百分一为最急，其余皆平坦大道，如此容易，在世界铁路工程中，亦为罕见。宣统三年告成，建设费一哩约需八万五千元，加材料运送费、电线架设费、停车场费及开业费，亦不出九万元。全线计七百万元内外，足见费用之低廉，有足令人惊者。

吉长铁路之各站

吉林　江岸站房，曾为冰冲破，江沿冰山高数丈，尤为奇观，撞坏铁桥，冲决轨道，倒折电杆。盖车站离城十余里，来往殊不便也。

九站　自省城至此，皆近于松花江岸。由东南向西北，有三道岭山地，小作陂陀，已划成平道。

孤店子　昔日孤店，今已城市。沿途窝棚相接，田地已辟。

桦皮厂　地方繁盛，原有税局，今仍为一大站。

河湾子　鳌龙河上有桥。

土们岭　新开隧道工成，颇极一时之盛，乃以报销有弊，局长被撤。
工程处原用倭人为工程师。山峰陡峻，土石杂糅，实握全路之枢纽。

营城子　东有过道岭，西有银矿山。

下九台　德惠县境，原有分税局，今移总局驻此。有界濠尤扼要，
西有驿马河桥。

饮马河　路线原测太低，会经大水，冲毁铁桥，今已改良。

龙家堡　又作隆家窝堡。

卡伦街　地方繁盛，有乌海河桥在市东。

兴隆山　前有前兴隆山，夹铁路旁。

长春　中国车站，即长春县治。又名二道沟。上下客货，不如头道
沟之多，然此为本站。东有伊通河桥。

头道沟　日本南满车站，与吉会铁路接近处。

第九十九章　吉会铁路

吉会铁路，自吉林向东至朝鲜千余里，自宣统三年，中韩图们江界
约成，日人于吉长路以外，获得修吉会铁路权。由吉长展筑，出延吉边
界至朝鲜会宁，一切照吉长办法。民国以来，已派员督办。日人所勘路
线，由吉林省城东行，逾老爷岭、张广才岭渡牡丹江大石河抵敦化，东
南逾哈尔巴岭，经三道沟子、土门子，渡布尔哈通河至延吉，即局子
街。又东南渡海兰河至龙井村，出禹趾洞，渡图们江以抵会宁。估价三千余

万元，需工六载。因国变及欧战，未及开工。以清津港为吉林尾闾，犹幸未即成也。

　　吉林至会宁。各站里数，共长九百九十五里，倭人勘路，经龙井村，不经延吉。

站名	里数	站名	里数	站名	里数
大屯	六五	威虎岭	四一九	亮米台	六七四
下江蜜蜂	一〇〇	炮手营	四四九	瓮声砬子	六九四
双岔河	一五〇	平房	四六四	榆树川	七四四
额穆县	一六〇	碱厂	五〇四	老头沟	七六九
八道河	一九二	臭梨子沟	五一四	上官道沟	七八六
老爷岭	二〇七	北苇子沟	五三四	铜佛寺	七九四
大孤家子	二三七	敦化	五五九	东官道沟	八七六
大蛟河	二七八	黄土腰子	五九六	朝阳川	七九九
乌拉屯	三〇二	大石头河	六〇九	龙井村	八九七
乌林沟	三〇八	板桥子	六三九	和龙	八七九
庆岭	三五一	哈尔巴岭	四四六	大狐狸岭	九〇九
小马家子	四一一	蜂蜜砬子	六六九		

吉会铁路之要工

　　松花江铁桥　一千八百一十八呎，自省城东团山子过江。

　　海浪河　六百呎。

　　犇牛河铁桥　三百二十五呎，自额穆县横断之。

　　图们江　三千二百九十呎。

　　蛟河铁桥　三百二十五呎。

　　牡丹江铁桥　三百二十四呎。

大隧道　胡郎大岭七千余呎。

老爷岭　五千余呎。

大碰子　二千六百呎。

威虎岭　二千五百呎。

余有小隧道十五处。

第一百章　南满铁路

南满铁路，北止于长春，昔年俄人视为支线，于长春亦不甚重，自倭人得之，遂为要地。西伯利亚铁路岁赔巨万，倭人截其支路之一节，遂岁获厚利，俄人铁路弊端多，无票亦可乘车，员司得贿一二元，公家损失十数元，焉得不亏。倭人稽查严密，秩序整饬，是以获利。头道沟为南满车站，俨然为长春之总站，吉长、中东两路，皆为之左右，铁路联络会议，多由南满提议，决议时亦南满多得便宜。昔海参崴路尚足与大连竞争，今力更薄矣。惟倭人骄极，长春以北粮石，由崴出口者多，因运费稍省也。

南满名义辨

满洲为种族之名，发祥之额多里、宁古塔，及建设兴京、盛京，国号大清，惟满洲八旗以满洲著籍。辽东本为汉地，清八旗亦编汉军，自古历史、地理，无有以满洲为东三省者。俄修铁路，因境上无地名，遂名满洲；日本人著《满洲地志》，邀以东三省为"满洲"，离间满汉。日俄之役，日本得志于南，遂名南满，今日省文但称"满铁"，以图发展。又指延珲一带为南满，以便杂居，吉林西南、东南并当其冲矣。

满蒙地理教授案。地理教育基础之养成。土地教育教材之研究。满洲地理历史概要。乡土历史调查。乡土地理教材。乡土志细目。重要物产输出表。泥制地理简易模型。木制地理简易模型。工业模型。学校附近诸标本。春季旅行所采植物标本。暑假所采植物标本、昆虫标本。岩石标本。矿物标本。

长春小学教员手岛氏，自制简易理科实验法，并装置图，共简易器五十五件，皆学生能装、能拆、能用、能仿制者，吉林教员千众，有如此者乎。吉林与此展览会者，惟甲种农学罐头食物，然不如日本学生得一技即自立也。

长春不完全发达之原因

日俄战役，长春大有南抚奉天，北控滨江、龙江，东引吉林，西拓蒙古之势。因安东路成，釜、义相接，奉天四达，吉、长缓通。继四郑初修，本应自长春西达郑洮，日人因运货稍捷，不取道长春。只成丁字形，不成十字形，南满支路，则自择其便焉。

第百零一章　拟修铁路

吉林铁路直贯于滨江、长春间者，地方因以发达。横贯于延吉、依兰之间者，两道均无能利用。于是日本窥伺，拟设吉会铁路，究以款绌未成。延吉交通，则有迫不可缓之势。昔督办吴禄贞，拟设奉延铁道，于省道虽纡，果能成，则京奉可并称京延，为国路东干。稍加展拓，至于延宁，由延吉、汪清、宁安至海林站，接近东省路线，至为便利。惟山路较多，施工不易。延东由延吉、珲春、东宁至五站，路线较长，于边防有益，且临河便于开路。若奉延及由延吉拓至绥远，名曰延绥，庶完全国路东干乎。

拟修奉延铁路线

里数　自奉至延吉，旧有盘道，可通车马，比吉林至延吉，近六百里。延吉至西古城九十里。西古城经五道羊叉、王家趟子至后车厂九十三里。又至大沙河二十八里。又至四叉子五十里。又至两江口七十里。又至夹皮沟九十里。又至官衙一百零六里。又至黑石叉九十里。又至朝阳镇五十里。又至海龙一百二十里，距奉天二百余里。

拟修延宁铁路线

起延吉北，由一两沟、吉清岭至汪清县治。北穿摩天岭，由骆驼砬子、萨奇库，北穿老松岭，由陡沟子、三家子、干沟子至宁安。北接于海林车站。

拟修延东铁路线

起延吉东，循河流旧道沿图们江至珲春，循红旗河至东北境土们子，又沿瑚布图河西岸至东宁，又北沿边界，接五站铁路。

拟修延绥铁路线

由五站或海林至密山，经宝清、同江至绥远。

轻便铁路

长春至石碑岭　运石子用，由华伟公司承办。

图们江至红旗河　运木用，由督办吴禄贞创之。

吉林县学田地　黄川公司租用。

哈埠圈儿河等处　临时开埠，修马路用之。

第百零二章　道　路

吉林道路，即省城亦尚未尽修。大雨之后，大车来往，已修之路亦易坏。旧有木路，已多朽腐，小胡同尤污秽。哈埠道里，十年前俄商方盛，坦荡无异欧洲，岁久失修，凸凹不平，容易翻车，道外各街市，所修马路，由马路工程局经理其事，由地主按基地摊派，现各马路工竣，每丈基地，摊款大洋百余元，负担虽重，路权即主权也。昔年大路置驿站，自设邮政，并废旧驿，道路益荒。国路、省路、县路、乡路尚未实行。旧日以修桥补路为善举，有个人许愿或善士敛钱以为者，今日少矣。堆木、摆摊、溜马、插车，妨碍交通者尤多。

省城交通各陆路

一、由旧站、二台子、大荒地、路起屯、西家子、杨树河子，达东省路之张家湾。

二、由上贵子沟、大风门、四间房，过营口、常山屯、头道沙子，至夹皮沟即桦甸要路。

三、由大茶棚、江密峰、拉法、窝瓜站、珠尔多河，至额穆索，即省东额穆县大路。

四、由马和屯、官马山子、白马夫屯、庆岭、横道河子、天平岭至官街。

五、由马相屯、大岔、双河镇、小城子、林家屯至磨盘山，即磐石大路。

哈埠电车路之敷设权

哈埠电车之敷设权，本由华商组织公司举办，已于上年与自治会订定草约，嗣因种种困难，有让与他人之议。美国工师数人，由海参崴来接洽，然地方人民，对于路权、国权，莫肯轻让也。

吉林已开重要道路

行旅多而道不修，惟人力通之。

富饶大道　富锦东南，经同江南之二龙山、杜家房、驼腰子、二道冈入饶河境，经头道冈至饶河，横穿松、乌二流域间。二道冈有小路，由杨木冈、寒葱山至同江。

虎穆大道　虎林呢玛口西南一站，至穆棱河口，循河岸内向，为索伦营、苏尔德、杨木冈、柳毛河，至密山县治。大柞家台、水曲流沟、下亮子、平安镇、大石头河、上亮子、下城子北沟，至穆棱县。又西经抬马沟、泰东站、铁岭河、乜河，至宁安县。

富密大道　富锦南经双合屯、对锦山、怀德镇，由对面城，入宝清境。经韩菜营、潘菜营，至密山北境之土山，至密山。密山又有西北一线，贯勃利至依兰，亦系大道。凡此亦第二次拟修铁路也。

第百零三章　黑龙江航路

黑龙江流域，延长凡六千六百六十里，俄轮一百六十二艘，货船一百九十八艘，清季已喧宾夺主。盖咸丰时，俄军舰君士坦丁先入，官轮亚利库继之，乘我江上无人，竟上溯松花，由国际河流，侵入内地。

俄商自组公司，自设码头，测量水道浅深，暗礁状况，绘之航图。庚子后始有译本，深藏邮传部无所设施。民国以来，始立戊通公司，海军舰亦上溯，吾国商人收买俄人轮船者，渐能挽回国权。黑龙江航路在吉省只一小部份，然乌苏里河航路及上游黑龙江额尔古讷河航权，均已收回，后之航业者，益当奋勉焉。

黑龙江正流之航路属于本省者

绥远　此处近接伯利，下游为赴庙尔之航线，支流为赴虎林、宝清之航线，是以最重。计支线已通者一百余里，轮船大者马力五六百匹，次亦三四百匹。

同江　此处北接黑龙江之航线，西南按松花江之航线，北为国际河流，西为两省交界，亦冲要也。戊通公司，仍名拉哈苏苏，距哈尔滨一千三百余里。

以上为滨江赴伯利必需往来之路，自西口子直达庙街，共长五千二百余里。

黑龙江上流之航路不属于本省者

西起室韦，为黑龙江与俄界额尔古讷通舟之起点，经过各地、必拉雅、牛耳河、珠尔干、温河、长甸、伊穆、穆赤干、奇乾河、永安、额拉哈达、洛古河、讷钦哈达、漠河、乌苏力、巴尔加力，连阴、额穆开库康安、罗伊昔肯、倭西们、安干、察哈彦、望哈达、呼玛、西尔根奇奇拉卡、扎克达、霍洛、霍尔沁、黑河、瑷珲、马厂、奇克特、科尔芬、温河镇、乌云、宝兴镇、佛山、太平沟、萝北、格兴镇、三间房。

黑龙江下游支流航路属于本省者

兴凯湖　百余匹马力小轮船，便于来往。

虎林　昔日俄轮来往，今改用华轮。

宝清　将来必可发达，特交通便利耳。

乌苏里西岸，绥远县地。

第百零四章　松花江航路

松花江轮船，上达吉林省城，下游经乌拉街、溪浪河、秀水甸、五颗树，至老少沟、陶赖昭车站，与东省支路相接，为吉林出入冲途。今虽铁路交通，轮船仍于夏秋行驶，惟冬令不便耳。哈尔滨以下，水深而稳，通大轮船，下连三姓、富锦，或出同江，上溯黑河，下达伯利、庙尔。轮船公司，昔有俄人东省铁路河川轮船部及黑龙江轮船公司，今则戊通公司在哈尔滨设有大码头，至扶余。俄商轮船，多售于华商，轮船多用外轮式，损伤堤岸，今推广下流直至伯利、庙尔航行。吉林省署，亦有官轮三只，以备差遣。

松花江航路之三区

环流境内，凡三千三百余里。

一、大营沟至吉林　本区域流于山岳重叠间，江中暗礁极多。尤有著名之五虎石，暗屹江中，平水时埋没水内，减水时则露其头部，流速不一，或为奔流，或为奔湍，盖被阻于暗礁故也。在辉发河合流处以上，最浅部二尺，下流约三尺，惟上多岸石，下多泥沙，故吃水稍大之船即难通。

二、吉林至扶余　本区域概为平原。仅在吉林附近两岸尚有丘陵地，以下皆平地，江面亦渐宽。惟河中多沙洲，有七八处，普通水深四尺至八尺，沙洲处均不满二尺，颇碍航行。吉林至白旗屯间，流速稍急，不便航行，以下概徐缓。

三、扶余至同江　本区域来自平原，至滨江下流，新店附近两岸已多丘陵，迨至依兰附近，则两岸皆为峭壁矣。流速甚缓，最急部每秒不过四尺七寸三。水深在扶余附近约四尺至八尺，在滨江附近约七尺至一丈，迨至新店，因江面逼窄，约及一丈至二丈。至依兰上流二十五里处，有一暗礁，水深四五尺，航行甚险。依兰下流约七尺至一丈，普通航行江中者，皆吃水四尺之轮船。

松花江流域帆船碇泊地

全江营业帆船，并千余只。

朝阳镇至吉林间　朝阳镇、王家渡口、陈家渡口、范家渡口、大鹰沟、小鹰沟、宽河、长山屯、蚂蚁河口、吉林头、二、三道码头。

吉林至扶余间　乌拉街、白旗屯、红旗屯、半拉山、老烧锅、扶余南关。

扶余至同江间　哈尔滨之四家子、正阳河口、三十六棚、呼兰河口、巴彦、新店、柳板站、蚂蚁河口、爪拉山、依兰、桦川、富锦、同江。

第百零五章　各江河航路

吉林各江河，大致皆北流，如仰盂焉。明设船厂，早已开辟航路，有清继之，以防罗刹。有御船、龙船，备亲征也。有轻船、战船，备奋斗也。有渡船、运船，备转输也。黑龙江呼玛、瑷珲、卜奎，并有船厂。航路不限于本省各江河。然本省江河，多松花江支流，若牡丹江则稍大焉。乌苏里河则黑龙江流域也。其他绥芬、图们二江，下游东隅已失，航路亦梗。辽河流域在吉省者，尚为细流。头道、二道之江，拉林、阿什、伊通之河，设治所在，恒通小舟，亦不失为僻壤之交通也。沿河漂散木排，准由原主认领，以恤商人。

松花江支流

头道江、二道江、拉林河、阿什河、伊通河，其支流有驿马河，支流亦多，上游双阳河口，有宋船口。

牡丹江

牡丹江可航区域，自宁安至掖河间，不过六十里，航行容易。宁安以上，至镜泊湖约四百里间，水流奔湍，且多岩石，难以通舟。掖河以下，多为渔舟往来，间有自宁安载客之槽船，顺江而下，至依兰者。但水流过急，流下即不易归。宁安附近水深七八尺，掖河附近约丈余，水底平坦无暗礁，故水流虽急，航行亦颇安全也。

辉发河

上源在奉天，水甚浅。境内通航者，自朝阳镇至河口，约三百里。此流域尽为山地，故两岸多绝壁，会大支流四十余，水量不让松花江。在朝阳镇约深三四尺，在官街附近自六尺达一丈，河底为石质，流速亦急。

乌苏里江航路

自伊满码头至伯利间，因有轮船往来，故帆船绝少。自伊满码头至上流松阿察河，则帆船颇多，二牌、五牌、六牌等地，皆其碇泊地。其帆船之数，较龙王庙至伯利者约差百余支。此船长三丈，宽七八尺，约积载三万六千斤，每船有帆樯二，无风时则于岸上牵缆。昔日虎林等县航路皆为俄人所占，今幸收回，航商对外，务自筹发展也。

第百零六章　邮　政

吉林邮政，当日俄交战以前，重要城市，皆设俄邮，战后次第收回，而铁路沿线，尚未尽撤。自俄国分裂，东路收回，滨江道尹兼哈尔滨交涉员董道尹，奉交通部令布告：从民国十年始，中东路沿线与万国邮政连络，无设立俄国邮局之必要，该局应即全行撤回。此吾国获助于万国邮务会议之成绩，通过于国际联盟。吉林原有台站，驰递公文；民国以来，早经裁撤，改设邮政。凡各县城必有邮局，至僻者亦有代办所，省城之总局则在河南街云。

吉林人民对于邮政之状况

邮票　各县现大洋缺乏，且不通行，用官帖折合现大洋，实有余利，时常抬价，邮员利于收官帖，不利收国币，不肯找零。

时间　外县邮局营业时间，开门比商家迟，休息比商家早，商人甚感不便。

手续　邮局兑款，及取包裹，手续颇繁，乡人久待，再三乞呼，以为洋派。

送信　住址虽迁，必访明转送，不致遗漏。

吉林邮政局之分等

一等　吉林、长春、哈尔滨。

二等　延吉、依兰、各大县多立二等局。

二等　六道沟、一面坡、石头城子、张家湾、官街，皆冲要巨镇。

三等　德惠、双阳、桦川、濛江，各中县不当冲要，则设三等局。下九台、陶赖昭、佳木斯，凡要镇地方发达，亦设三等局。

代办所　乌拉街、天宝山、新甸，凡街市、矿场、码头必设之，余为乡柜。

吉林通行之邮

北路　由乌拉、榆树、阿城、滨县，至江省木兰。

东北　乌吉密、同宾、方正，至通河。

南路　由官街至濛江。

西南　由双阳、伊通、赫尔苏，入奉天境。

东路　由额穆、敦化至延吉。分珲春、汪清、和龙三支。汪清北通宁安、海林。

西路　由陶赖昭分路至扶余。张家湾分路至农安。石头城子至长春岭。

第百零七章　电报及电话

吉林电报，自清光绪十一年十一月，北洋大臣李鸿章会同将军希元奏设吉林电线，以通边防消息，于是设电报局于省城。而珲春、宁古塔、伯都讷，亦各有所设，犹之分局而不名分局，以有司事无委员，盖限于经费也。民国以来，直隶于交通部，各设局长，而总于电政监督。至于中东铁路沿线，而有俄人电局，今已收回，惟中日协定军事之后，日人在延吉设电线，如珲春至庆源，六道沟至局子街，六道沟至头道沟各线，当协定取消后，久未取消，尚烦交涉。长途电话，省城、长春、农安、长岭已设之。

干　线

名曰北京东三省线，由京奉沿线来至长春。

由长春东经伊通至吉林省城。北经榆树、双城至滨江。北经呼兰、龙江至瑷珲。

支　线

共分三线，今增一线。

由吉林东通宁安、珲春、延吉，此路由省至宁，由宁至珲，分路至延，与吉会路迥异。

由滨江东通依兰、同江，沿江设局尚多。今沿铁路线已收回。

由榆树西通扶余及黑龙江之大赉、肇州。

电报局

原章多用旧名，今仍之。

阿什河、宽城子、方正、富克锦、伯都讷、珲春、三姓、伊通、佳木斯、郭尔罗斯、拉哈苏苏、宁古塔、农安、额木索、磐石、宾州、哈尔滨、双城、小城子、新甸、德墨利、延吉、榆树、桦川、长岭、双阳、伏龙泉、万里河洞、一面坡、横道河子、海林、穆棱县、绥芬河、掖河、下九台、汪清。

电报章程各局未分干路支路，亦未分等第，就原文录之。其应注意各地如下：

新甸　宾县近江对岸木兰县，由此转电。

德墨利　方正对岸通河县，转电。

佳木斯　桦川对岸汤原县，由此转电。

吉省电话局

省城电话局，号数不多，通话颇捷，官署机关用者多，商户惟大商有之，绅户甚少。长春则须中、日两机并设。滨江则华、俄两机并设，商家乃便也。

吉省电灯局

省城电灯光度十倍于北京、南昌，但常添灯头，不加电力，应防患于未然。长春灯，中、日亦分两局。滨江则昔在俄，今收回。延吉亦自办。

第十九篇　县　治

第百零八章　吉林县

　　吉林县治，东经十度二十九分，北纬四十三度五十分，土名船厂，为吉林行省行政长官所驻，在京师东北二千三百零五里。原名大乌拉，即乌拉国故城。在省东北乌拉街，昔有乌拉打牲总管衙门。唐时渤海涑州地；辽金为宁江州旁境；明初为乌拉卫、土门河卫地，明季属扈伦族之乌拉部；清康熙十二年修吉林城仅有将军一员；雍正四年设永吉州，隶奉天府尹；乾隆十二年罢州设理事同知，属将军管辖；光绪八年升府；民国二年改县。东至舒兰、额穆，南至桦甸，西至双阳，北至德惠。号首邑焉。

县　治

　　当松花江之曲，清光绪三十一年开为商埠。东西十五里，城形椭圆，长七里，设九门，城内外约二十余万人。城内街衢纵横，烟户稠密，富产大贾，居者尤多。商业富厚，在奉天之上。

物　产

　　乌拉街有前清取东珠之禁地。近桦甸、额穆界产参。木税则以夏秋为盛。缸窑产缸，出煤。若杏山、柳树屯、芹菜沟、苇子沟、杨木林、蛤玛屯，虽一屯亦有特产。

教　育

县城高等小学，乌拉街两校，成立较早。凡筹设高等小学校之地，如缸窑、木石河、巴虎屯、胡家屯、桦皮厂、一拉溪、三家子、二道沟、南官地、西官地、旺起屯、泡子沿、吴家沿，国民学校成立亦较早。其他二百三十校，学生万人亦易办。

户　口

七万七千九百六十户，五十六万七千五百六十九人。

实　业

吉林附郭之地，不但乌拉、缸窑、桦皮以业自立，余如烧锅屯、岳家、张家油房、石厂屯、石灰窑子、大糖房、小糖房、牛厂、蜂蜜营、大茶棚之类，足见旧日分业，无异欧美。熟地四十万垧，产粮每垧三石。林区三百方里，尤为利源。

乡　镇

乌拉街为县北第一大镇，东北缸窑，西北桦皮厂，皆专设税局，比于列县，今桦皮厂移至下九台矣。上河湾、大苇子沟亦接柳边。若东乡尤家屯、双岔河、西大水河、岔路河、南乡之双河镇，附近省城，居民稠密者易于成市。

交　通

轮船火车，今已便利。然东通延吉，仍取道于额赫穆站。西向双阳、伊通，仍取道于蒐登站、依勒门站。北有金珠站通乌拉街。南有大三家子通濛江。陆路仍当修为省道。

第百零九章　长春县_{张云凌}

长春县治，东经九度五分，北纬四十三度五十一分，在省西二百四十里。东至吉林，南至双阳、伊通，西至奉天怀德，西北至农安，东北至德惠。辽黄龙府地，金济州地，明兀良哈部，清内蒙古郭尔罗斯前旗地。嘉庆五年（1800）改抚民同知。十五年升府，民国二年改县。为东辽河之平野，滨伊通河上游。日本车站在头道沟，中东铁路、吉长铁路，亦往头道沟衔接。地方繁盛，商务发达。工人愤外人之逼，铁行百家自组公会云。

县治及商埠

有六门，城内以三道街为盛。道署在商埠。镇守使署、县署、审检厅皆在城内四道街，警察厅在城北。商埠以三、四、五各马路为最繁，三马路尤为稠密。电灯厂在城外商埠，华人自办，头道沟系日本人办。电话亦分为二，城内商家，有安设两电话者。头道沟用自来水，城内无之。居民约十三万。贸易额岁数千万两。

物　产

粮有余，各县所聚者尤多，输入大连、营口，无北运者。烧锅亦多至十余家。森林不多，柳树亦小。菜蔬种类，较他处完备。商埠公园，莳花颇蕃。

教　育

全境学校八十一处，增设三十六，省立各校在外。县立高等小学校、女学，设备完全，有半日学校。私立各校，以王琳所立自强小学为最，附自强工厂，有职业教育精神，手工成品极优。捐资者以工商起家，力求实用，又有竟成、益华二校。

户 口

五万七千四百二十三户，四十六万九千八百六十三口。

实 业

有官银号、中国、交通、东三省银行，又有惠华银行、益通银行。均系商人营业。外国有日本正金、正隆、朝鲜，皆彼国经营，日商另有实业、商业银行。日商有火磨二，华商三。日本又有油房二，规模极大，华商小油房，悉为所并。又有磷寸社二处。

乡 镇

原分裕生、裕民、裕国、裕信、裕忠、裕顺、恒清、恒庆、恒康、恒泰、恒和、恒平、恒升、恒富、恒丰、抚来、抚远、抚绥、抚顺、抚靖、安大、安道、安定、安怀、安乐、安仁、沐泽、德普、德济等乡。德安镇、来远镇最富庶。太和镇、恒平镇亦殷实。

交 通

吉长、中东、南满中枢。陆路经放牛沟、波泥河子、段家屯、大水河以达吉林。西经八面城至同江口及法库，至今犹通车运。东门近临伊通河。商埠之龙王庙，近船码头。

第百一十章　伊通县_{徐庭达}

伊通县治，东经九度六分，北纬四十三度三十分，在省西南二百八十里，当伊通河西岸。东至双阳、磐石。南至奉天海龙、东丰、西安、西丰。西至奉天昌图、梨树、怀德，北至长春。金为咸平路，元因之。明为达喜穆鲁卫、伊屯河卫地，后为扈伦族叶赫部地。清嘉庆十九年，设分防巡检。光绪八年升州。民国二年改县。伊通本一统之讹，柳边之一统门，讹为伊通门。设州以后，人才辈出，齐氏为巨族，兄弟同时为江、浙省长。地方农民殷富，子弟喜读书，多负笈京师云。

县　治

旧无城垣，清光绪十四年始筑土城，砖砌垛口，周约三里，墙高三丈。门四：东曰省耕、南曰昭文、西曰承恩、北曰会极。池深二丈，阔三丈。城内以十字街口为最繁盛。县署在西门里，警察所相邻。火车未通以前，本为通衢，自火车不经县治，日渐萧条，连年兵匪交乘，商况益困。

物　产

农产大豆、高粱、谷类为最多，由南满线输出大连、营口。工艺品以挂面为著名。乌拉油鞋，亦坚韧耐久，又有军用傻鞋，布面布底，出品亦多。

教　育

县立女子师范讲习所已停止。私立、国民学校较多，县立高等小学校，设备完全。专设女子国民学六。城内有图书馆，所藏旧书甚多。城内有乙种农工学校、简易师范、模范小学。各镇皆有高等小学云。

户　口

二万五千五百零四户，十九万六千八百六十口。

实　业

官银号在城内，今撤。钱行原有裕通银行亦倒闭。全县烧锅，仅止两家。煤矿不少，已开辟二处，均华商自办。当铺，城内及四台子各一家。各市镇日本人小押当，兼扎吗啡。本地已开煤矿，有沙河子、放牛沟、四台子、四角山、磨蛎青、半拉门等。

乡　镇

昔年大镇，皆沿大道。若大孤山镇、赫尔苏镇、伊马丹镇、叶赫镇，皆为巨埠。今叶赫城尚周围五里，颓坏久矣。因俄人所勘铁路，不由大路，是以各镇一律萧条。惟乡民居附近者于此交易，四台子逢一、四、七为市，余亦十日三市云。

交　通

自县城经靠山屯、二十家子，至公主岭，接南满铁路。由双阳河、长岭子、岔路河、一拉溪、大水河，达吉林省城。奉省西安等县所产粮石，赴公主岭销售。经过伊通、火石岭，原拟征税，今免税矣。

第百十一章　濛江县

濛江县治，东经十度四十六分，北纬四十二度二十六分，在省南三百六十里，当珠子河北岸。东至奉天抚松。南至奉天临江，西至奉天柳河、辉南。北至桦甸。西北至磐石。金为舍音水之完颜部。明鄂尔珲山所，明季属讷音部。清初为封禁地，光绪三十四年置濛江州。民国二年改县。有华森公司，系中日合办，采濛江木植，是以专设濛江林业局，其驻省城公司，在粮米行。地近山而硗瘠，熟地每坰二元，荒地每坰一元，地价在吉长道属为最低。

山 脉

斐德里山为长白西北大支，三岔岭、二岔岭并险厄。南有五金顶子，北有四方顶子，西有七个顶子、窟窿顶子，皆高峰远举，正北那尔轰岭盘亘一方。

水 系

松花江之头道江，为县巨流，濛江乃其支流。当县治之南，所汇三源曰三道濛江及板石河、珠子河入松花江，其南头、二、三道花园河，入江，支流繁多。

物 产

山产木植、牲畜并盛，森林带及鸭绿江之尾，由抚松县连接而成。赤松亦多，横亘于县之东北。山地多种玉蜀黍，河滨平地乃种小麦。

教 育

全县学校，惟县立高等小学校在城内，珠子河南，以车牌捐为的款，木植山分补助。次年设城内珠子河北及头道花园两国民学校。今年城内始设女学。榆树川、那尔轰始设校。明年，汤河、双阳哨始设校。四年共筹设七处。

实　业

华森公司而外，人民自营木植者亦多，因运道便易也。三道沟之煤矿，东北岔、沙河之金矿，皆蕴藏深厚。农民皆自奉天转移而来，伐木劳工多山东新到。商人惟依山货而已。

乡　镇

倒旗河、批州口子属第二区，二道花园、榆树川、公安镇属第三区，那尔轰、上营镇亦人烟繁盛。二道花园为赴抚松大道，是以头道花园在其北，三道花园在其南，僻居乡里，临河自筑花园，亦有乐趣。其间有珠宝河，风景亦佳。汤河口之水暖，宜浴。

交　通

自县东北行二百里至官街，正中当森林密处，已通邮路。北九十里至横道河子，逾辉发河，又北九十里，至南三家子，又北四十五里至口前屯，又北四十五里至省城，冬令五日可达。西距奉天辉发一百六十里，邮程两日可达。

第百十二章　农安县

农安县治，东经八度五十五分，北纬四十四度三十分，省西三百八十里。古昔为扶余国境。及唐渤海大氏改扶余府。辽太祖平渤海，次扶余，黄龙见于城上更名黄龙府。迨金太祖自将攻黄龙府，乘马渡水克之，乃改济州，旋改隆州，又改隆安府，隆安仍平辽之故名也。《辽志》云：龙安城在一秃河西，周七里，门四，址尚存。旁有塔。亦名农安，是以龙安讹为隆安，复讹为农安耳。明初为伊通河卫旁境，尚称隆安。清为内蒙古郭尔罗斯前旗地。光绪八年设分防照磨。十五年（1889）置县。今县治称农安，而塔则仍称隆安也。

疆　域

东至德惠，南至长春，西至长岭，北至本旗，东北至扶余。

县　治

俗名龙湾，旧有土城坍塌不齐，周约七里。清光绪十六年，重筑土墙。门四；东曰聚宝，南曰阜财，西曰宝积，北曰卫藩，又作藏富。水洞门三，上盖木板，池深一丈。人口约一万五千，城内繁盛，自南门至北门，规模颇阔，市街整备，巨商多聚于此。

物　产

农产完备，豆有黄、白、红、绿、黑五色，豇、豌、蚕、扁、芸五种。麦有大、小、荞、铃铛之别。粱有红、白二种。黍为小米。稷为糜子米。包谷、玉麦即棒子。出产红粱为最多。

教　育

县立高等小学二校，一在县城文庙，二在靠山屯，女子高等小学校在城内。各区大屯镇，已设国民学校，每区先立一处，有推设他屯成二三校者。私立小学亦改良，学童三万余，入学者三千余。岁支四万一千七百三十五元。

户　口

三万五千五百三十七户，二十八万七千七百零八口。

实　业

商税十七万元，而农赋三万五千有奇，烟酒税二万四千有奇，奢侈亦重矣。乡人担负地方税，多至九种。农会取之于坰捐。商会取之于营业，实业捐又取之于坰捐、粮捐、屠捐、车捐、马牙捐。农家一锄，岁收团捐四十吊。

乡　镇

一区在城内。二区榛柴冈。三区老爷庙、小苇子沟。四区小城子、黄花岗。五区鸭儿汀。六区则有靠山屯，最富庶。七区哈里海城子。八区麒麟山。九区大岗。十区伏龙泉，尤为繁盛。十一区巴吉垒。

交　通

省西北三百八十里。自南门至长春约百四十里。自西门至奉天怀德，约百六十里。邮路，东距东省铁路张家湾车站百里，出入极便。缓行两日，则中有郭家店，距两端各五十里。西南路通架格苏台，邮信三日到省，电报、电话二小时。

第百十三章　长岭县

长岭县治，东经七度四十分，北纬四十四度三十四分，在省西北五百十里，土名长岭子。唐渤海长岭府地。金博索府旁境。明伊屯河卫旁境。清内蒙古郭尔罗斯前旗地。光绪初，农安县分防主簿驻此。三十四年以新安镇迤北新垦旗地，并析农安县西境，置长岭县，今仍之。东至农安，南至长春，西南至奉天双山，西至科尔沁左翼中旗，西北至安广、开通，东北至本旗。出境货物，最易漏税，一入奉境，即无从稽查。全境无大山、大岭，有长岭不长之诮云。县治不足二千户，全境二万二千五百余户，十七万九千余人。

山　脉

丘陵起伏，县东之马鞍山，县西之对龙山、排山子，县南之太平山、团山子、胡家岭，点缀平原中。毫无林木，近三年尤多亢旱。

水　系

平原无河流，县北有十三泡子，为积水之地，古大今小。其南有小沙漠横亘，亦古之泡子水竭者也。无沟渠泄水，雨泽偶多，又容易成水灾。

物　产

老牛圈为畜牧牛马之地，牲畜输出亦为大宗。粮食出产，以县南为盛。苇子河出苇子，亦供薪秣。元豆、红粱各有三万石输出。多在奉天怀德二三站销售。

教　育

县立高等小学校，女子国民学校，县立国民学校，三处为优。十一区各设国民学校一。全境学龄儿童三万四千余，入学者仅一千四百余。按人口十七万九千计之，万人中学生八十一人。岁入不足万元，用不敷，逸犯曹振邦地充作学田。

实　业

县境苏家粉房、张家烧锅、鲍老烧锅，自成大市。其余若大利恒、玉盛魁，皆以商店招牌为地名。于家炉亦表示其工业。县治邻近郭尔罗斯前旗，可通蒙古之交易，新安镇亦可为东蒙大埠，则吸收蒙古之牲畜，转发内地之绸缎、布疋，亦边县互市自然之利也。近年荒税重，农人无人纳赋，有弃地举家远徙者。

乡　镇

镇市不盛，二区东大利拐，三区之拉拉屯、生杂屯，四区之利发盛街，五区之新安镇，七区之张家烧锅，八区之八十八屯，九区之二龙梭口，十区之北正镇，十一区之华兴镇，最为繁盛。三区之龙头山子，亦渐开通。

交　通

邮路五日到省。由奉天怀德八宝湖，北来至新安镇。又北六十里至县城，北至华兴镇。东至顺山堡，西由南平镇、北正镇出奉天界，连于开通县，以达洮南。商人运南乡货物，南由新安镇可赴辽源。县城有电报，又有电话接伏龙泉，通省城。

第百十四章　舒兰县

舒兰县治，东经十度五十分，北纬四十四度十四分，在省北一百十里，土名朝阳川，东至额穆。南及西至吉林。北至榆树、五常。明阿林卫地。清康熙二十年设巴彦鄂佛罗防御旗员，管辖此处采捕事宜，仍属乌拉总管。宣统二年，析吉林府北境之舒兰站地，置舒兰县，今仍之。舒兰者，满语果实之意也。地半山榛，人民稀少，与吉林首县接壤。境内之上等熟地，价格不如吉林最下等熟地。官价熟地每垧六元，荒地每垧三元，犹两倍桦甸，三倍濛江也。

山　脉

兰陵岭自东亘南而西，分为秋千岭、南北庆岭各大支。县之东境，多为山地。县西，皆支麓小山。

水　系

舒兰河为西境松花江小支流，县治棒槌沟，西北流入榆树县界。县东暴马川，自小城子下经水曲柳冈，至小河屯北入拉林河。

物　产

各种粮石、各油最重，烟麻亦有之。草苇、蒲包、扫帚、生皮、生毛、缸瓦器具并供日用有余。煤极多，省城号为江东煤。

教　育

县立模范高等小学附国民学校，已招足高小三班，国民四班，年级易于整齐。且本校国民另组女生一班，实行男女合校，县城学校最有系统者。名乡镇市，每乡设国民学校一，大村屯亦成立甚多，人多者亦添班不添校，以免凌乱。

实　业

农工商矿，皆守旧日土法为多。地大人稀，土壤中肥料多，播种易获。森林自昔已盛，不待培养，即收伐木之利，工作粗笨，器具朴而耐久。商人向未入商校，经验优于学术。开矿无大资本，则土法投资少而易集也。

乡 镇

法特哈门，向为省北大站。溪浪河亦水陆要冲。小城子街，略具市况。水曲柳冈当大路，薛家屯、烟筒砬子，居民渐盛。大白旗屯、小白旗屯、临江滨、下汪屯、大孔屯、头台屯、腰崴子屯、大东沟、双印通屯、乌金屯、苍石屯、邵家屯、申家屯、潘家屯、口子屯、四合屯、黄芪屯、前亮甲山、神树底、珠琪口、天德盛街，有首县各乡村气象。

交 通

陆路距省三日程。自县西南四十五里至缸窑镇，又西南五十里至乌拉街，急行一日亦可达。又南四十五里至九站，又二十五里至省，则一日程。途中市镇既盛，旅店食宿较安，觅车马亦便。溪浪河通小轮船。

第百十五章　桦甸县_{松江吴继光}　《韩边外传记》

桦甸县治，东经十一度七分，北纬四十三度八分，在省东南二百七十里。东至敦化、延吉。南至奉天安图、抚松。西至磐石。北至吉林、额穆。西南至濛江，金为赫舍哩部。明为法河卫，后属白山国之讷音部。清初列为封禁地。同治间，有山东人韩效忠移垦于此，土名夹皮沟。庚子时俄人觊觎其地，其孙登举守险败之。奉省因在柳条边外，故为韩边外。光绪三十四年，以其地置桦甸县，因县北有桦皮甸子，故名。今仍之。韩氏子孙，至今犹居故地，风气强悍，恃险以为固。重山叠岭，距省虽近，交通仍感困难云。

山 脉

庆岭　由横道河子入省之厄塞。平岭　由八道河子入省之厄塞。大

岭　由常山屯入省之厄塞。

水　系

漂河　为临松花江第一繁盛之码头。

教　育

国民学校，区立四，皆为单级，私立七，亦多级。县立高小学校一，亦未办理完全。近于省城，与首县邻，而学生家富万金，无一来省升入中学者。可见酋长专制之地，不可与言学，大似土司归流气象。

实　业

参市　大阴沟为收税总机关。白露以后，即定参价。

烟叶　漂河为黄烟出产集会之所，霜降后运省甚多。

麻　多结麻绳，织麻袋。

乡　镇

天平岭、横道河子、集厂子、四岔子、漂河、红石砬，六区要镇，地点适中。沟市在夹皮沟最高处，廛市罗列，最盛时有戏园二处，交易悉用金沙。近年沟老沙残，惟附近大林子、地窖子、沐其河、红石砬子，周百五十里，所辖万家，自成一团云。

交　通

沟口路仄滩险，万众无用，夏秋森林被野，即飞机亦难下瞩。从松花江之苇沙河口登陆，循沟以进，如陟层梯，故又名加级沟。松花江上游船甚少，自县至省，冬日驶扒犁最便。

第百十六章　磐石县

磐石县治，东经十度七分，北纬四十三度一分，在省西南三百五十里。东至桦甸。东南至濛江。南至奉天海龙、辉南。西至伊通。北至双阳、吉林。金回霸路之尼玛察部，后为回霸国。明为扈伦族之辉发部。清初南境，属奉天围场。光绪八年，设磨盘山巡检。十三年，裁设伊通州同。二十八年改设磐石县，今仍之。特产铜矿，冠于全省，办理实无大效。然土壤膏腴，生聚之盛，比于首县。近接奉天，风气早开，卓然为省南第一大县。邻境或远不能及焉。

山　脉

境内山脉横断，特无奇险足凭，而旅行殊阻。山薮藏慝，疲于守望。松咀岭铜矿，当磨盘山之北。东有官马咀铅矿，西有集厂子铅矿，是以铜脉不长。

水　系

辉发河自奉天汇群流入境，明季辉发部之故城，已划入奉省地界。河上有煤矿沟。县城有当石河支河之北，东流入桦甸。北有驿马河，流域亦广。

物　产

黄烟最盛，为来省货物大宗。利重于种粮，其次则粮食亦有余。山兽、河鱼，足供自食。

教　育

县立高等小学二，女子高等小学校一，模范小学男女合校，均在城内。十乡次第推广，烟镇三校四班，不能合而为一。其他亦市镇向学者，比乡民为较多。变卖城北学校园，购第一国民校舍。

实　业

县境所以富庶，实缘南接海龙，北接吉林省城。在火车未通时，奉天、吉林行旅，或取此道焉。是以县城及小城子，均为电线所经，设有电局。农产所集，商市亦兴。若能发展铜矿，广铸铜元，收回官帖、小洋票，则不止磐石地利发达，全省亦安如磐石矣。

乡　镇

共分五镇，惟烟镇民户富庶。分十六乡，敏行之林家屯、蚂蚁咀，呼兰乡、朝阳乡、黑石乡，首镇同名宽厚之蛤蟆河，忠义之烟筒山，文会之吉昌镇，皆繁盛。其余信义、敏学、宽容、恭行、信立、惠普、繁事、信诚、宽裕各乡，亦有小市集。

交　通

县城当省城正南，而正北不通邮路。偏西烟筒山，西北吉昌镇，二路并可达双阳县，以达省城。冬日大车趋捷径者，则由烟筒山至双河镇焉。西出朝阳山达伊通，南距海龙尤近。

第百十七章　双阳县 陈永奉

双阳县治，东经九度四十二分，北纬四十三度四十分。在省西二百里，滨双阳河，土名苏斡延，满语浊流也。辽金为宁江州旁境。明为依尔门河卫、苏完河卫。清吉省未置郡县以前，西傍柳边与郭尔罗斯前旗接壤。宣统三年，分吉林府岔路河以西地，南抵磐石，北至长春，西及伊通州各旧界，于双阳河地方设立县治，即名曰双阳县。生聚逾二十一万有奇。清明植树，限定县城商民，各于门前植杨柳一株。于是沿街有树，不让京师大埠矣。

山 脉

东山距县街咫尺，土山巍起，其上平坦。北连诚寿古刹，东西南三面，逼近双阳河流，天然佳境，既辟为林区，并于余地作公园，建草亭植花木。

县 治

近临河滨无城郭，街市东西长二里，南方较为繁盛，居民八百家。商店多在南街，以运豆为业。中街则杂货、当商。县署在东端。

物 产

全境有石灰窑三十余座，煤窑三座。粮食以大豆为多，其次高粱，并特产大米。河水盛时产鲤，南山亦出野兽。鹿则变为家畜，每头值大洋三百元。

教 育

公立国民学校十六，共四十一级。县立半日学校一，亦多级。私立国民学校二。学生合计七百一十八人，县立高等小学、女子高等小学两校学生，共七十八人。全年支用学费，四万四千六百四十一吊。

实 业

板凳窝棚，距县北百里，出磁土，有磁窑二家，所出粗磁碗，适于农家之用，价廉而销售多。亦能作细磁，所销不及粗磁之得利。烧商五六处，当商三处，杂货商百余家。

乡 镇

乌龙泉、新安堡，商旅渐集，最为繁盛。乌龙泉在县北六十里，新安堡与之相接。县北范家店，生意稍小。县东有长岭子，为乡民交易所荟，五里河子次之。县西有奢岭口子，与长岭子相埒。小河台有完颜将军古墓，倭人藉采煤为名发之，得金龟、玉佩、宝剑三种以去。土人以石椁为庙宇云。

交 通

原系吉奉大道，入京所必由。今陆路三站，自县入省，一日至伊埒门，二日至吉林之蒐登，三日即至省。三水均上源，细流不通船。小河台有倭人运煤轻便铁路。自县入京，则取道长春为多。

第百十八章　德惠县　刘爽　张蔚华

德惠县治，东经九度五十二分，北纬四十四度三十一分，在省西北三百六十里，土名大房身。东至榆树。南至吉林。西至长春。北至扶余。清以前之沿革，与农安同。嘉庆以后地隶长春后，长春日见繁盛，且府治稍偏西。宣统三年，即于其东添设一县。划分怀德、沐惠二乡，以及东夹荒沿江各地，设德惠县。虽系蒙荒，县城无蒙古人，县境无蒙古屯，惟地租之租子柜，有蒙古人二人，主持其间。全境开辟十九万垧。地价每坰须现银百两以上，比于内地。

县　治

原系集镇，无城郭，每逢双日一集。街长东西五里，南北正一里，背负山冈，绵亘颇长，前临小河沟一道，官署多在东端，商店多在西端，有商店六七十家。本地人而外有山东、河南人，并回商数家。无公园游玩，亦无戏园、妓馆，风俗醇厚。饮食店五六家，略已加增云。

物　产

鸡卵为张家湾出口大宗，营业者三十余家。猪鬃、马尾，聚自蒙荒者尤多。羊亦剪毛出售，黄鼬皮亦多。粮食有余，出口以豆、麦为多，高粱次之。

教　育

国民学校，区立四十三，私立一。高等小学校，县立、私立各一，女学中辍。张家湾亦设高等小学一校，学生共二千一百十七名。学龄儿童四万以上。

户　口

二万一千一百七十户，男十六万一千八百人，女十五万五千人。

实　业

旧日油房最多，所榨主要者为豆油，次为苏油、麻油。烧锅在城内有二家，各镇亦一二家。油房则大村亦有之。磨房、粉房、豆腐房但供本地民食。冬季有糖房，用食芽甜谷造成，亦供本县年货大宗。其他金木工匠之类，多守旧法。

乡　镇

下九台地当铁路要冲，张家湾为农产所集，均开放商场街基，已经领毕，地皮日昂。老少沟为松花江第二铁路，昔日吉、长未通之时，吉省官绅来往，取道江轮者，皆于此上下。其外东南之南城子，西南之大青嘴，其小者若木石河、双庙子、十二马架子，亦有小贸易。车站镇市日侨百余人，俄侨四百余人。

交　通

县城陆路至张家湾，相距四十里，皆用轿车板车。至长春，每日有三次开车。张家湾距长春四站二百四十里。由长春改用吉长至省，凡居南乡者则取道吉长路下九台、营城子。东乡取道于江轮，朱家船口。北乡取道于老少沟，亦通火车。

第百十九章　滨江县

滨江县治，东经十度十一分，北纬四十五度五十四分，在省北五百八十里，滨江道道尹驻之。东至阿城。南至双城。西及北以松花江与黑龙江呼兰为界。金为上京会宁府西北地。元墟其地属之硕达万户府。明为岳希卫、阿实卫地。清宣统元年置滨江厅同知，仅治傅家甸一隅，面积数十里。嗣析双城东北境隶之，民国二年改县。俄人市政，今已收回为特别区。倭人商肆日增，且不吝巨资购买土地。俄界电灯厂及巨大面粉厂，均由俄人转售于倭人。市上俄货几绝迹，而以倭货代之矣。

县　治

土名哈尔滨，今仍用为商埠之名。在未通铁路时，不过江滨荒地渔村数点。嗣俄人以其当满洲铁路之要冲，又扼松花江航路中枢，为水陆交通要地，经营不遗余力，并驻以重兵，称为东方圣彼得堡。分为七区，曰新市街、旧市街、埠头区、军队区、病院区，五区皆铁路公司所经。惟傅家甸、四家子为中国街，人口五万。今圈儿河又设开埠局矣。江堤码头，西自俄界起，迤东接戈通公司码头止。其间除邮船局海关外，作风船、商轮码头，地窄船多。今准威宏两轮码头间时亦可停卸。

教　育

县立高等小学校，在城内者男女各一。乙种商业学校，在太古街。农业学校在田家烧锅。四家子国民学校，有学校园。模范小学，则在十字街。

实　业

火磨公司极多。酿酒之大烧锅，制油之大油榨，以及制革各工并盛。金融则有官银号，英、美、日、俄皆有银行，中、交、东三省三行，皆发行国币。自道里俄人衰挫以来，四家子开埠后，商业中心已移回华界。

户　口

哈埠号四十万，华人十八万，俄人十四万。旧俄居多，大俄多官吏军人，小俄多商人。余则犹太人五万，挨斯脱尼阿人，荷落撒斯人，鞑靼人，波兰人，崔干人等。

乡　镇

城大乡小，是以无巨镇。各屯农商并富。万家窝堡、田家烧锅、赵家窝堡、阎家冈，昔一家孤村，今过于僻县小镇。前后兴隆沟、八里堡、柞树林、蒋花屯各地方，亦各具富庶景象。

交　通

车站在秦家冈。东向海参崴出海，西向满洲里通欧洲，南向长春通南满、京奉，以此为枢纽。朝鲜义士安重根，刺日本统监伊藤博文于此。临松花江有码头三。四家子泊船八十六，正阳河口及三十六棚，各泊船三十四。

第百二十章　扶余县

扶余县治，东经八度十七分，北纬四十五度十五分，在省西北六百里。古为扶余国地，辽为达鲁噶布。金、元肇州地。明为三岔河卫，后被蒙人侵领。清初抚定蒙人，设伯都讷站，康熙时设伯都讷副都统，雍正时设长宁县。乾隆时改设州同，又改巡检，又改办理蒙古事务主事。嘉庆时改设理事同知。光绪三年移治孤榆树，旋改抚民同知，后升府易名新城，还治伯都讷。民国二年改县，三年改名扶余。东西最广处，二百七十七里。南北最长处一百八十里。面积四万余方里。地势平坦无大山，惟接近蒙古，土质较薄。

疆　域

东至双城、榆树。南与西以松花江接郭尔罗斯前旗。北以江接黑龙江肇州。

县　治

街市整齐，工商繁盛。警察所在西南，滨松花江。西有月江楼，东有望花亭，远眺平野，俯视江流，春夏游人颇多。

气候

夏季温和，冬则严寒，江河皆冻，人畜、树木，亦时有冻毙者。夏季少雨多风，三日间必有大风一次，扬沙飞尘，近于蒙古大陆气候。

物产

豆、麦、杂粮俱备，足供本地之用。地力稍薄，民力特勤。江流纡曲，鱼类极蕃衍。农家制造汤粉颇著名。荒甸碱锅为出产大宗，甲于全省云。

教育

县立高等小学校二，较为整齐。有私立满蒙国民学校，县立模范国民一校，各区立国民学校十五，私立者一百三十处。学款岁款一百余万吊。学生、旧学，稍有相抵，出洋、入京者多。

户口

三万零五百四十六户，二十四万六千九百五十九人。

实业

东临铁路。南、北、西三面，江如萦带，交通极便而出产无多。一是转运上游附近各县土货出口，而商业以盛，官银号亦设分号。

乡镇

石城镇在东省铁路旁，土名石城子，与陶赖昭并为大站，县东第一巨埠也。南有新安镇、小城子，又有集厂、榆树沟，为县城至石城冲途。县北长春岭，地方繁盛。县南达子屯、浩色站以及西北伯都讷旧站，则昔盛今衰。

交　通

航路为松花江上下游之中点，省城下行小轮船，多至此止，戊通公司有代理店。邮路则由五家站、三家子通陶赖昭，由小轮船至此，分赴火车，南北行甚便。电报亦衔接。

第百二十一章　双城县

双城县治，东经十度十分，北纬四十五度二十七分，在省北四百里，土名双城堡，因境内有古城二，故名。东至阿城，南至榆树，西至扶余，北至滨江。西北以江接黑龙江肇州。金为上京会宁府之西南境，元为废地，明为阿怜部。清嘉庆十九年置协领隶阿勒楚喀副都统。光绪八年置双城厅通判，宣统元年升府，民国二年改县。人文殷盛，科举时文学已盛，京师大学初创，入大学者最早。近接滨江，而不染习气。土壤肥沃，民食有余。每年国税六十六万七千元以上；地方税三十万以上，宜乎蔚为富教之区矣。

县　治

清嘉庆间，商民捐建，筑土为墙，周约二十里，高一丈一尺。门四，东曰承旭，西曰永和，南曰承恩，北曰洞宾。凡六千户，四万余人。道路失修，雨后尤多积潦，水含碱性，初至者或不宜。附郭尽平原膏腴，为松花江第一冲积地。城内绅富则世为地主，佃户纳租，服从最谨，少亏欠。日侨七十余人，营业其间，地非商埠，宜禁逐。

物　产

小麦、大豆、小米、高粱共二百万石。烧酒、豆油、豆饼、黄烟，为出口之大宗。各屯自有菜园，蔬菜种类，多来自内地，皆屯人服官游学所寄。植树无多，未成森林。

户　口

双城、拉林垦荒，原移八旗，各旗分新陈，每旗五屯。拉林兼附近各屯，昔年户籍甚详。今五万三千一百五十七户，五十四万一千七百二十四口。

教　育

道立中学，已改省立。女子师范已归并，国民学校区立四十四，私立十八，拟增至二百。县立高小学校四，拟增至九校。道立乙种农业学校、乙种工业学校各一。女子高等小学校一，专设女子国民学校，已递增为十校。

乡　镇

拉林城人口二千，自昔著名。拉林河与松花江合流处，有得胜陀碑，相传金太祖誓师之地。西平镇、韩家店，并呼繁盛。他如三棵树、苏家窑、唐氏窝堡、于家烧锅、谢家冈子、吴家屯、姜家窝堡乡，有枪支一万五千杆。

实　业

县城十字街，钱店极多，比邻成市，为各县所未有。车站一带，粮栈堆积如山，亦为各站之冠。熟地四十五万七十六坰。有织布房十余家，尚未纳税。

交　通

东省赴崴路，有帽儿山站。东省赴长路，有五家子及双城堡两站。大路可通马车。邮政、电报、电话，直达省城。距滨江既近，输出土产既多，输入之洋货亦多，奢风之传染尤易。出口粮石，岁值七百四十五万元以上。

第百二十二章　宾　县 知府李澍恩宾州府政书

宾县治，东经十一度十一分，北纬四十五度四十八分，在省东北六百零五里，土名苇子沟。东至方正、同宾，南至五常，西至阿城，北临江接黑龙江巴彦。金上京会宁府东境，矩威部、图塔部等所居。明为费克图河卫。清光绪八年，置宾州厅同知，宣统元年升府，民国二年改县。地方二十区，今现存十区，皆冠以宾字，曰：增、进、幸、福、维，公、安、风、俗、曰。余析于阿城者九区，析于方正者一区。蚂蜒河设长寿县时，亦早已分地以治，以免鞭长不及之患云。

县　治

清光绪七年，筑土为城，上盖木板楼，砖砌垛口，周约七里。门四，池深一丈。跨丘陵地上。肆市栉比，商业繁盛，约一万三千余人，山东人来者甚多。

山　岳

盘亘东南，大青山高千八百丈，花砬、松峰次之。悬羊、乱石庙岭、石洞，又次之。

水　系

松花江阔一二里，中流深四五丈。入流支流二十余，皆奔迅。

物　产

山林产灰鹤、产参之地。有鸟王乾哥，专食参子。兽有貅，为豹与熊配合而生，力最强，能食虎。倭刀为狐、貉相配而生。木则有报马树，形似李树。

教　育

国民学校，未就学儿童共计七区，男童七千二百四十人，女童三千八百八十人。应增之国民八十四校，乃符义务教育，拟民国十五年设齐。经费分区自筹。县立男女高等小学校，在城内设备完全。

户　口

六万三千三百四十三户，四十五万三千九百八十七口。

实　业

城西北老山头之石矿，俄人用炸药轰取，用轮船运往哈埠，以备建筑。磁矿在城南正达沟，未及举办。煤矿在山阳坡，试办中辍。知府时已设农事试验场，劝植森林，并放柞蚕、柳蚕，立蚕桑公司。

乡　镇

县西蜚克图，地当冲要，市集殷繁。县西夹板站、高力帽、长谷，皆旧日台站，早成市集。新甸、猴石皆用通轮船成码头。西北满井，东南九千五。正南八里川，西南分水岭。

交 通

松花江上小轮船，光绪七年，只俄国官轮一只。宣统元年，共十九只。吾国始有吉源、吉瀛二官轮行驶。所经新甸、猴子石、鸟儿河，上下客货甚便。乃俄轮岁行二百余次，华轮二十余次焉。今俄轮次第售入华商矣。

第百二十三章 五常县 魏清林

五常县治，东经十二分，北纬二十四度三十一分，在省东北三百六十里，土名欢喜岭。东至宁安，南至额穆，西至榆树，北至同宾，西南至舒兰。辽为阿延女真部地，明为阿怜卫南境。清同治八年设协领于五常堡。光绪八年设五常厅同知。宣统元年升府。民国二年改县。县城人口五千。附郭膏腴之地，开辟已久，其价有每坰价百元上下者，未垦之荒，东北略有之。旗民生计，皆有土地，衣食租税，不觉困难，人民自移垦以来，有阅五代者，是以安居乐业，今困于匪矣。昔有津贴穷员川资，今亦停矣。

县 治

清光绪七年，筑土为城，上盖木板，城楼砖砌垛口，周约四里。门四：东曰迎旭，西曰挹爽，南曰来薰，北曰拱辰。池深一丈。

山 脉

县南五里杏花山，不与他山相连。东南山岭为冷山，宋忠臣洪皓所居。

水　系

兰棱河在县西，下游在县西十五里，合于松花江。

物　产

烟叶冠于全省，其次为麻，麻制品亦多。其他大豆、豆油、谷类亦盛。牲畜蕃，木植亦有余，冬日因木材不能运出，东境木炭窑特多。

教　育

县立高等小学校，前清业经成立。武昌起义，民不纳捐，民国二年再造。城内之国民学校，男女各一校。各乡惟大镇六处，有国民学校，各乡屯未设。足见风气闭塞，不如邻县。富而待教。

户　口

二万二千七百十一户，十六万二千九百八十七口。

实　业

吉林省立工厂，能用机器仿造雪茄烟，原料皆取之于本省，惟农人尚多勤动。市上有私立组织纺织商业，颇觉简单。烟叶成，打成砖形，如茶砖式，或成大捆。瓦窑、石灰窑，皆守旧业。

乡　镇

中和街即冲河镇，为全省黄烟出产第一处，向阳山亦极蕃盛，且为税入之大宗。山河屯又名三合屯，人口四千五百。五常堡人口二千五百。太平山居民亦多。蓝彩桥夙当要冲，有路通一面坡车站，亦隔大岭。

交　通

运烟、运粮，全恃大车，以吉长路之下九台站为便，亦有径上长春。大车至下九台三日。长春署自县至省，冬日大车亦须四五日，爬犁三日可到，夏日大车多不出。界内无小轮船只，西出榆树之秀水甸，可附老少沟轮船上省。

第百二十四章　榆树县张清岱

榆树县治，东经十度二十分，北纬四十四度五十分，在省西北二百七十里。东至五常，南至舒兰，西至扶余、德惠，北至双城。辽金为宾州地。清嘉庆十五年设孤榆树分防巡检。光绪三年，移伯都讷抚民同知于此，移分防巡检于伯都讷。三十一年，升同知为府，还治伯都讷，即设榆树县于此。宣统元年，升为直隶厅。民国二年仍改为县。人口约三万。地方繁盛，文学彬彬。今围城一带，皆种榆树，人家亦喜植之，不比昔年之孤榆树。然古树一株，久已不存，亦无遗址云。又查军、警、团千余人，不能剿数十人之匪，失教练矣。

县　治

旧无城垣。清光绪三年移厅治于此，乃由商民捐修土围一道，高约八尺，周四里，门四，池深丈余，谓之城濠。大街自南而北。为当商巨店所萃，杂商则在老爷庙头，市面日趋繁华，物价日昂，出私帖者约百家，货币极滥。

物　产

运出大豆二十一万石，小麦十万石，高粱八万石，大宗出境，民食有余。绿豆、黑豆、小豆、苏子、苞米、马铃薯，共出产一百三十万石。榆树以外，则杨柳多，松柏少。无森林，惟松花江上黄花咀甸子，柳林甚茂，以供薪炭。

教　育

国民学校县立七十五，私立八，贫民一，县立高等小学校一，女子高等小学，附国民学校一，全县学生五千三百余，来就学者尚四千余，学款折合，共收大洋五万二千六百元，近年误以学田划入蒙界，今收回，学款以粮捐为多。

户　口

七万八千四百四十七户，五十一万四千零四十七口。

实　业

农商尚裕，工艺守旧，有瓦窑，编柳条簸箕，木工作掀及大车，铁匠作铧犁、锹锄，锡匠，铜匠修整家用器，亦无待他求，商务则冬日为旺，私立银行廿家，发行私帖。

乡　镇

四河城、土桥子、大八号、山泉城、兴隆镇，皆有镇市。富庶以土桥子为盛，大八号次之，五棵树亦发达，向阳泡街亦渐发展。各屯以大复沟，后两家子，永春乡、五家窝堡，开通较早。小房峰、小孤树、焦家冈、小八号次之。闵家屯、五星桥、方家烧锅、周家屯、许家坡子、卡路屯、四间房、三大家、青顶子、青山堡、新民屯、保安屯又次之。

交　通

自省城赴榆铁路，小城子车站为止。到城需一日，坐行车即到。冬日由铁路两日到，夏日由轮船至五棵树一日到，秀水甸亦有码头。若由省至县，径乘大车，三日亦可赶到，中间住宿乌拉街、法达哈门，亦不甚迟也。

第百二十五章　同宾县何横

同宾县治，东经十二度三分，北纬四十五度二十一分，在省东北八百四十里。东与北俱至方正、南至五常、西至宾县、东南至宁安。金时即置同宾县，称乌济赫部。明为蚂蜒河卫。清光绪八年，设烧锅甸子巡检，属宾州厅。二十八年，改设长寿县。民国三年六月，复名同宾。县境南当中东铁路要冲，今已于乌吉密及苇沙河二处，筹办设治事宜。盖近年设立同、五两县荒务局，凡未垦官荒，悉经招垦。然设治则地方财力三分，恐行政更难著手，不如先整顿田赋，则百政俱兴矣。

地　势

长寿山、长寿河，为一县之镇。太平山、二红山、石铭河，亦排列萦绕县治左右，平泽膏腴。惟山地水土不适于妇女，垦民不敢移家，研地质者当改良也。

县　治

城系新修，以防匪也。街道整齐，山水秀丽，四望风景俱佳。商业殷实。境内有金代祖墓。

物　产

本为馀米之乡。山中多产林木。金沙泡、金沙河、金坑屯、金峰山，足以表见黄金之富。矿泉杂质浮出水上，煮沸时先置豆腐皮，则杂质浮水面而后可饮。

教　育

国民学校，以年景歉收，多不毕业。县立高小学校县城第一校两班，尚未足额。近年东西二乡，始增高等小学二处。全境学龄儿童一万九千二百。入学款岁入市钱二十七万三千四百余吊。女学仅成一处。

户　口

三万一千六百十八户，男十一万三千八百六十九，女九万一千五百零一。

实　业

城内烧锅四家，均用玉蜀黍造酒，因高粱不多也。大豆盛则油房亦盛。全境农田可垦三十余万坰，已垦者约二十余万坰，额征尚不足九万坰。现在自请升科者亦多。土多壤土、沙质坏土，林地多腐殖土，初耕土肥。煤矿发现四处。

乡　镇

县东夹信镇。县西万宝山屯，民户较为稠密。合平安堡、黄泥河街为四镇，并县城为五区。一面坡、乌吉密、黑龙官在二区。烧锅甸、小烧锅街为三区。金沙河、金坑在四区。中和镇、回龙山、大山头在五区。

交　通

自县城陆行八百里。一日抵中东路乌吉密河，为出入要道。夏日水大困难，仍可勉行。由一面坡车站百余里至县，惟冬日可以通行。夏日路泞，行旅几断。蚂蜒河通小舟。

第百二十六章　阿城县 宾州府政书

阿城县治，东经十度三十分，北纬四十五度三十四分，在省东北四百四十里，土名阿什河。东至宾县，南至双城，西至滨江，北以松花江接黑龙江呼兰。渤海时为粟末靺鞨，种族杂居，称海古勒地，今县东北有大小海沟二河，语音尚近，后为完颜氏本部。金为上京会宁府，明为岳希阿实卫地。清雍正四年置协领，设驻防兵，因更为阿勒楚喀。（乾隆二十一年）增设副都统。宣统元年，裁改阿城县，今仍之。土地腴沃，产谷甚多，县城商务，亦甚繁盛，人口约五万余。旧日东省铁道公司交涉局所在，有学校焉。

县　治

旧名老八牌，周围六百里，近接哈埠，旁临铁路。昔隶宾州，徒为虚名，今卓然大县。副都统时代，已建文庙，设交涉、卫生、禁烟、经征、官运等局，街市已整齐矣。

山　脉

偏在县南。

水　系

阿什河即按出虎河。

物　产

烟麻木料，皆产山中，税重不易外运。粮石有余。人参有二甲子、三花子、四披叶、五披叶、灯台子，皆肖其形。又产党参、柴胡、山龙、升麻、葶苈、蕲艾等。

教　育

国民学校县立十一，私立十，女学惟有一校。县立高小学校二，私立高等小学二，县立女子高等小学二。共三十一校，学生一千六百十九人。

实　业

俄国制糖场，在车站东，清宣统元年成，共屋六十二间。自俄、德、波兰，购机器三百余件，资本万元。原料为中国产根子菜糖疙瘩，即萝布。制出白糖、冰糖比京津价廉。有火磨一，烧锅一，当铺二。沙矿在东南小城子，亦系俄人开采。旗民生计，则东北厢黄旗屯较为富庶。然居民少振作气象，近来城内四大家商务已困其三。

乡　镇

县北马厂、黑鱼泡及义兴源、永增源，皆因赴哈埠要途，早成市集。料甸子为赴宾县之冲。三家子为赴双城要道，茉莉街名尤雅饬，张油房、博碾沟，可见乡村油碾之盛。小荒沟屯、南官地亦有聚居。

交 通

中东铁路，以阿什河为要站。俄人曾设总管，并有护路俄兵九十人，修路俄工四十人。票房、茶楼、小杂货店，皆俄人专卖。中国客栈五六户，距站稍远。今主权收回，昔年用俄国羌帖买票者，现一律用中国现银圆矣，二层店子亦有要站。

第百二十七章　延吉县

延吉县治，东经十三度十七分，北纬四十二度四十九分，在省东南八百十五里，延吉道道尹驻之。旧称烟集冈，为局子街东北一丘陵。金置海兰路总管府。明为锡璘卫、布尔哈图卫、爱丹卫地，清为南荒围场。光绪二十八年，置延吉厅同知。宣统元年升府，民国三年改县，四十年前，树木丛生，人烟稀少，山溪间有淘金捕鱼者，亦荒凉未开之地。韩人羡其肥沃，有渡江潜来者。同治八、九年，北韩岁凶，来者更多，屡次交涉终不决，于是清廷亦移民开垦，与之对抗。宣统初，"间岛"问题发生，中日皆致力于此，乃定为国土。

疆 域

东至汪清，南至和龙，西至敦化、桦甸，北至宁安。

山 脉

哈尔巴岭、延吉岭、元宝山、帽儿山、磨盘山、马鞍山、天宝山、五魁岭、灯笼岭、风都岭。

河 川

布尔哈通河、戛雅河、海兰河、朝阳河、延吉河、一两沟、哈吗增河、头道沟。

物 产

天宝山之银矿，老头沟之煤矿，新垦之农产，图们江运出木料甚多。

延珲之交涉

延吉县菜营沟、茶条沟、小营子、二道沟、细鳞河、柳树河子等处，凡村落稠密之乡，皆为日军指为不逞鲜人或马贼。将全村居民无论老幼男女，皆逼封屋中，周围积以柴草，用火焚之，其哀号声音，惨不忍闻。至于刀磔婴儿，奸杀妇女，枪排少女，腰斩韩民，掘坑自埋，抢掠财物等事，荼毒人民，几无天日矣。

教 育

县立高等小学六校，女子高等小学一校。国民十校，女校二。垦民私立高等小学五校，国民学校三十七。顽固难移，倭人摧残尤烈。岁出八十三万九千吊。

乡 镇

当外交之冲者，二道沟倭人曾设警十二人，八道沟设警八人，大宝山九人，依兰沟六人，铜佛寺九人。共分志仁、尚义、崇礼、勇、智、守信、春阳、三道湾八乡。

交　通

吉会铁路，当然自省治至道治，自瓮声砬子、老头沟、至铜佛寺又东至朝阳川，均无异议。惟朝阳川东至延吉，须东行十二里，日人志在经过龙井村，拟不经延吉。勘有两路：由会宁至下三峰渡图们江，由湖川街、南洋坪或东盛涌，至延吉；或由鹰峰洞渡江，过灯笼岭至延吉，不经和龙、龙井村二埠。汇兑有官银号。

第百二十八章　宁安县

宁安县治，东经十三度六分，北纬四十四度二十分，在省东八百里。东至东宁、穆棱，南至汪清、延吉，西至额穆、五常，北至同宾、方正。唐渤海国上京龙泉府地，辽为天福城。金置呼尔哈路万户，元置呼尔哈军民万户府。明初属建州、毛怜等卫，清初设昂邦章京，统辖吉林全境，康熙五年始建今城，因称古城为旧街。十五年省会始移于吉林。光绪二十八年，移绥芬厅于此，宣统元年升为宁安府。民国二年改县。共一万三千二百七十二户，六万二千八百五十九口。

宁安之形势

据牡丹江上游，控依兰、桦川诸县，当东省干路要站，以扼俄人东下之冲，气势之雄阔，罕与伦比，吉林形胜以此为首。溯自渤海以前，其防御东南，辽金以还始重西守。辽灭渤海，不知保固此险，转移其民而墟其地，卒让女真窟穴于此，为灭辽张本。明初招抚野人，远迄库页，置都督于此，以资钤辖，诚得控制之宜。后世无远略，弃此形胜之地不守，遂为满洲所有，凭藉为根据也。今又当铁路冲矣。

县　治

旧城虽狭隘，今尚有粮、柴、菜、肉各市。城外十倍，用千字编号，直至江滨。城内遂若驻防之旗城。绥芬厅时，建署于西北隅。巡警、火磨皆近江。

教　育

学龄儿童，约万六千。高等小学三校，区立国民六校，女学一校，清真一校。城内学生六百，乡学二千四百人。拟增国民十校。岁出三万二千圆。

实　业

有官银号，以通穆棱、东宁汇兑。有机器火磨面厂二：一裕顺和，在海林站。一兴华公司，在城里南江沿。有机器洋酒厂和源永，在城北八里新安屯。渔船三家：城外、海林、东京城三处各一。珍珠概禁人采取。苎麻野生者，或无人采。

乡　镇

海林站为全县巨埠，系新成立。东京城为著名古迹，迄今未尽衰竭，且有再兴之象，乜河镇亦得水陆之便。此外卧流屯、新官地屯、沙兰镇亦为居民较多、乡人走集之所。

交　通

海林站距县城北六十里，初设文报局，候铁路火车到站时，接收公文，今一律改为邮政矣。出入送迎，以此为咽喉焉。牡丹江乘流易下，虽速而平。挽舟上行，用力多矣。

第百二十九章　珲春县

珲春县治，东经十四度七分，北纬四十二度四十一分，在省东南千零五十里。为金代上京海兰路，海兰河今亦名骇浪河，入图们江。明之密拉、通肯卫，敌城尚在。清天聪二年，珲春库雅拉人，以珲春窝集、那木都鲁延楚地方归附。康熙时始选放乡长三人，每年领本旗人至东海滨猎江獭进贡，嗣因沉没过多，经将军觉罗某奏停，编乡长为佐领，是为珲春设官之始。光绪七年始筑土城。日俄战后，辟为商埠。中国人八百户，三千五百人，多自山东来。朝鲜人约六十户，约二百五十人。日本人三十户，约百五十人。

疆　域

东以土字、萨字、拉字、帕字等界碑，界俄属东海滨省。南以图们江界朝鲜。西至汪清，北至东宁。隔图们江与朝鲜北境相对。

失　地

东境毛口崴一带失地，由省议会提议力争。俄名普削脱，为图们海口。

山　脉

当长白之东北，中有英额岭之高峰玄菟山，亦在图们江、海兰之间。

水　系

城南红旗河，吸受群流，入图们江。约四十里至西崴子，顺流至中俄分界之防川项，约一百三十里。下至海口，约五十余里，或曰三十里。

物 产

农产，则有大麦、小麦、豆类、粟、高粱、玉蜀黍、稷等。城东南六十里，有三、四道沟，产沙金，现已从事开采。森林多被侵伐，保护至难。煤产极富，供本地燃料。

教 育

县立高等小学十，城内男女各一，八乡大镇各一。国民学校，城内四，男女各二，各乡平均各五六校，类皆单级。垦民私立学校，次第收为公立。

实 业

贸易总额由二十九万两，增至八十万，朝鲜及俄人皆依此地贸易。人口约一万三千。输出品以牛、猪、麦粉、马、粮等为大宗，输入品则以洋纱、棉布、绵丝、石油、火柴、纸烟及其他杂货为大宗。倭货则以灯、伞、磁器为多。金融则官银钱号。

乡 镇

黑顶子，倭人曾设警察九名。头道沟曾设十二名。按县属分八乡：曰首善、曰兴仁、曰纯义、曰勇智、曰崇礼、曰敬信、曰德惠、曰春化。崇礼以上五乡为一区，余三乡各为一区。古城有五密拉、通肯、丰拉城、小城子、碾子山，皆荒旷。

交 通

东五道沟、黑顶子等处，近于韩边，为道、咸时越垦之捷径。光绪初，早设垦局。城南河身多石，难立小轮码头，拟由城南修小铁路，至西崴子，建小轮码头，至海口换大轮船，先后二呈计划，未行也。

第百三十章　东宁县《东宁县志略》　日照田征明

东宁县治，东经十四度五十二分，北纬四十三度五十九分，在省东南一千一百九十五里。东以瑚布图河及倭字、那字等界牌，界俄属东海滨省。南至珲春，西至汪清、宁安、穆棱，北至密山。渤海古为率宾府境，金属恤品路，明为绥芬河地，置率宾江卫。清光绪二十八年，就三岔口招垦局，改设绥芬厅，旋移厅治于宁古塔。宣统三年，置东宁厅，民国二年改县。人口约六千，面积三万八千五百四十方里。东临大河，负郭有田园平壤，南、北、西三面，皆崇山峻岭，地势险厄。

县　治

市上有电灯公司焜耀僻邑。煤矿公司、汇兑庄、兑换处、当铺、报馆、特种营业可观。粮食、布疋、药材、杂货商业亦盛。城居胡布图河西岸，隔江相望，尽属俄土。雷池偶越，交涉立至。

物　产

有稻米，各谷类皆备，有西天谷、豆、麦最多，兼种黄烟，瓜田、蔬园、果实皆有。山产松子、核桃、蜂蜜。林产松、杉、桦、椴、榆、柞、杨、柳、枫、楸，而赤松、香柏、黄婆罗、水曲柳特异。鱼类鲤、鲫、鳝、鳜而外，有梭鱼、秦皇鱼、大玛哈鱼。虾、蟹、螺、蛤皆备。

教　育

县立高等小学校二，国民学校十校。岁支大洋八千元。孝子庐距城西四十里。为孝子李成功三年庐墓之地。顾玉瑛之文学，王玉堂之医术、琴术，能发挥国粹科学，文若吴殿元，为国死，为民所称，亦教育界模范人物矣。

实 业

平原农田，万二千垧。惟气候和暖，土质肥沃，出产丰富。咫尺出口，售价甚优。如土木作工人之细，每日工资，尚可得两元上下，稍事勤劳，无不丰衣足食。日用宽裕，匹夫致巨万，转瞬称素封者，所在多有，致生活程度日高，奢华日肆云。

乡 镇

古代都统城，在县西四十里，俗名胡伦布威。周五六里，四壁厚砖俨然。新建民房数十家。得金真祐时都统所印，六百年前物也。县西又有石头城，雉堞虽湮，门户尤存，峭壁挺拔，实出人工。城南马营，春日时见蜃楼。城西暖泉子，冬日不冻。河中螺洲产螺，吾民采螺之地，即为国土。高安村，则高丽安姓入国籍成村焉。

交 通

水排顺大小绥芬河，运出俄境双城子，由海参崴出口。北出百余里，至中东路之绥芬站，为入省之要道。境内各河，皆山洪所汇，暴涨则怒涛如雷，雨过则河流浅涸，船只难行。县治距双榆树七十二里，又六十五里五站，平常两日程。

第百三十一章 敦化县 张成之

敦化县治，东经十一度五十七分，北纬四十三度九分，在省东南四百八十里，土名鄂多哩城，或作敖东，亦作阿克敦，县名敦化，从其音也。东至延吉，南及西至桦甸，北至额穆。渤海为建州地，元置斡朵里万户府，明初设建州卫。清始祖觉罗部贝勒居额多力，为额穆赫索罗佐领所辖。光绪八年，置敦化县，今仍之。乘牡丹江上源，居宁古塔上游，清室发祥最早之地也。沿江平地极多，且土质肥沃，将来可望开垦，农业大兴。今驻军、征税，亦为重地云。

县　治

原名敖东城，清光绪七年筑土为墙，上盖木板，城楼、垛口砖砌，今已倾圮，周五里。门六：东曰迎旭，南曰来薰，西曰挹爽，北曰拱辰，又有小东门，小西门。池深一丈。居民约二千户，共万余人。生意之兴隆，有步趋省城之气象。

物　产

小麦最有名，大豆次之。森林长广数百里，人迹罕至，向以放运艰难。药有参、茸、蓍、贝。山产之皮张，有狐、狼、狍三项为多。黄鼠则为制笔原料。山狸毛薄，适于初寒。山鸡为美味，榛、松为名果。黄蘑、木耳，皆入关要品。鸦片业经严禁云。

教　育

国民学校全县分区者四，一在官屯，二在苇子沟，三在黄土腰子，四在城北乡黑顶子。原有出放学田一千九百垧为的款，每垧收大洋二角。每校岁收大洋三百六十元。县城有高等小学校，亦由学田款项办理。

户　口

一万四千一百七十六户，八万二千四百五十八口。

实　业

烧锅三家，油坊十家，磨房大小约八十家，大抵皆农产制造。烧锅及大杂货铺，皆资本饶足，各数十万吊。烧酒行销东南，皆资本殷实。昔有官银号以通汇兑，现已撤销。地方自办有农商钱号，商人集股办理。

乡　镇

共四乡分为八乡，县治在敖东北乡，东为敖东东乡。东南怀德乡，分东西为二，其市曰黄土腰子，为吉长他日车站。东北沙镇乡，亦分东西为二，其市曰沙镇，亦有烧锅。西曰城山乡，分南北为二，其市曰马号。

交　通

吉会铁路勘定之路，西北距额穆县，约计一百十里。东南距延吉，约三百里。冬日便利，由黄花松甸子，大车通行，可来省运货。夏日只可行站道，到省需六日，冬令行车三四日可到，大车仍需七八日。黄花甸冬有旅店，夏日空闲。

第百三十二章　额穆县

额穆县治，东经十二度二分，北纬四十三度三十七分，在省东三百五十里，土名额穆赫索罗。县名即截取其上二字也。元为开元路、海兰路地。明为额朵里卫、秃屯河卫地。明季为爱新觉罗之本部。清初设额穆赫索罗佐领，管辖台站旗丁，后分属敦化、宁安、五常三县。宣统二年置县，今仍之。东至宁安，南至敦化，西至吉林，北至舒兰、五常，西南至桦甸。南北百八十里，东西百二十里，县城不及三百户，人口不及三千人。张广才岭山脉，平地甚少，耕地总数约五十二万三千亩。

昔为正白旗之屯田地，今地主仍多旗人。

山　脉

张广才岭、威虎岭、海青岭、庆岭、老岭、拉发碰子、大青山、摩天岭、北洋山、呼兰岭、秃顶子、毕家碰子、琵琶碰子、东土山、西土山、老碰岭。

水　系

牡丹江、拉发河、雅河、蛟河、兰林河、珠尔多河、威虎河、大沙河、都林河。

物　产

大豆，三六一二〇石。粟，一二三〇〇石。包米，四一四〇石。小麦，三〇二〇〇石。大麦，五八〇〇石。输出吉林者，大豆万五千石，小麦二万石。输出敦化者，大豆五千石，小麦五千五百石，大麦三千石。

教　育

县立高等小学二，一在城、一在蛟河。女学二校亦然。国民学校，已设七校。

户　口

九千五百六十七户，男女六万四千三百九十四人。

实　业

林务七区，有松江、大有、黄川公司，今黄川停办。矿厂七区，金在北大秧，银在地宝山。煤五处，奶子山德兴公司已开，余在杉松。朝鲜垦民，多种水稻。

乡　镇

蛟河镇在省东南二百六十里，为县内重镇，主要商业为烧锅、油房、磨坊、杂货、果子等店，商铺三千余家，资本最大者十二万吊。烟草、石炭、谷麻、木材及其他山货，皆集于此，东接石炭产地之黄花甸子，有敦化大道。沿驿马河，有吉林大道。西南有拉法河，交通便利，附近农田虽属肥沃，惟难丰收。因沿河水汛，地变砂砾，山地多受霜害故也，收入以商税为大宗，由省城财政派局长以专责成。

交　通

吉会勘定之路，即东大路，达敦化、延吉。邮政三日到省，电报东达延、珲等处，以树木为电杆，夏日枝叶横生，往往阻电。旧驿有退抟站、拉法站。

第百三十三章　汪清县

汪清县治，东经十三度二十八分，北纬四十三度九分，在省东南一千零二十五里。东至珲春、东宁，南以图们江界朝鲜，西至延吉，北至宁安。明阿布达哩卫地。清初库雅拉部钮呼特氏居此，为世管佐领，即今之大坎子地。后分属珲春、延吉。宣统元年，析置汪清县。县治原设汪清河南之哈顺站，旋移治百草沟，而益以宁安迤南地亩。林场常为匪人、小公司盗伐，无法稽查。此场地跨延吉，凡五千方里，系农商部为永久利源划留，保存殊不易也。

县　治

百草沟有日本分领事馆，虽系商埠，尚未发达。不过，洋货店外人较多。

山　脉

老爷岭、石头岭、太平岭，分县境为东西。

水　系

县东为大绥芬河源，会大石头河、母猪河至绥芬甸子，入东宁县境。县西百草沟上游百道沟汇成之嘎雅河、汪清河，则东来支流耳，下会延吉河，入图们江。

物　产

百草沟之草，博物家不尽识，多系药材。葡萄沟、汉葱沟、梨树沟、柳树沟，毕天生不待人力者，沿沟弥盛，今播厥百谷矣。

教　育

县立高等小学校三，一在城内，二在凉水泉子，三在嘎雅河。区立国民学校十三，私立国民学校二，女学一，多垦民子弟。乡学尤多用韩人为教员，仍读韩语。学田原有一千五百九十八垧余。续拨一千五百九十八垧余。原有每垧收一二石，亦有三四斗者，平均七斗。续拨者因学款未竣，尚未收租。

实　业

纳租地仅二万余垧，比年并不加多。由于匿报升科之地，不止一倍，甚至一垧之照，四至内足有三五十垧，山坡洼甸皆开垦成熟，韩人来垦有能种水稻者，天择物竞，能勿惧乎。

乡　镇

凉水泉子倭人曾设警察十四人，腰崴子亦曾设倭警，又在英豪甸子设倭警九人。嘎雅河亦有市集，附近草帽顶亦多居户，大汪清为东乡人民交易所集。东北绥芬甸子，原有古城已颓，今新成市集。

交　通

距省不过十日程。北则取道于宁安之海林站，唯宁安以南山路不易行。昔不通文报，今已通邮路矣。南则取道于延吉，循敦化、额穆站路，唯商人运货，但期出海之便。

第百三十四章　和龙县

和龙县治，东经十三度二十六分，北纬四十二度二十六分，在省东南八百九十五里，东、南两面以图们江界朝鲜。西至奉天安图，北至延吉。明赓金河卫地，赓金河即今之阴阳河，在县治西。清光绪十六年，设越垦局。二十八年，设和龙峪分防经历，辖图们江。北越垦地，隶延吉厅。宣统元年，改置和龙县，今仍之。因逼近强邻，韩民移殖者超过十分之九，县街韩民亦多。倭人曾驻警察九人，今怀庆街吾国自添警察，由四区增为五区。盖位置会宁、龙井村之间，交通频繁，房屋逐年增建，未可限量。

县　治

又名大拉子，华韩移民，造成街市，约计近百户，人口四百余，鲜人不足华人之半。商况尚未发达，五日一集。光绪七年，奏办吉林朝鲜通商事宜于此，今开埠到六处之多，而县治不及焉。县境之贸易吸收于邻境，唯县前街一带，为各机关所萃云。

物 产

农产粮石，及工作粗器，皆自运往会宁出售。油房为农家制造机关，木排由河运至龙井村，转入韩境。

教 育

国民学校县立单级一，多级六。私立三，皆多级。县立高小学校七校，多因国民学校递升。县有学田九千八百五十四垧四分，每垧收大洋一元，岁入学租已九千八百余。又续拨一千二百七十七垧余，亦岁收一元，合计在万元以上云。

实 业

二、三、四、五、六月，商税最旺，秋冬不及焉。韩民占百分之九十五，冒入籍之名，不惜重资购地。卖地一垧，可买密山地一二十垧，华民唯利是图，变产迁居，在所不惜。今严定韩人只准租地，不准买地，明定年限，由交员、日领签字。

乡 镇

光霁峪、稽察处、小六道沟、善化社、四光社、对越屯、晴霞社，开辟较早。外六道沟、六洞，倭人曾驻警察十四人，三道沟驻五人，八道河子八人，马牌、南阳村十二人，怀庆街十人。马牌距城八十里，韩人赶集。近日倭人强迫人民赴南阳赶集，马牌遂无形消灭。榆田洞、高力崴子、四道沟、庙儿岭、夹皮沟，亦渐繁盛。

交　通

为延吉通会宁之要道。今延吉赴省者，惮陆路跋涉，乃由会宁出清津港，乘轮船至元山港，换火车至朝鲜京城，换火车至安东，由安奉南满吉长到省。川资约百元，需时七八日云。

第百三十五章　依兰县_{遵义刘光烈}

依兰县治，东经十三度二十一分，北纬四十六度十七分，在省东北一千一百二十五里，当牡丹、松花两江之汇口，土名三姓，盖译满语依兰喀喇之意也，县名依兰以此。东至勃利、桦川，南至穆棱，西至方正，北以江界黑龙江汤原。明和屯卫地。满清未起以前，称此地为和屯噶珊之野。康熙五十四年，置驻防兵以协领管之。雍正十年，设副都统。光绪三十一年裁，设依兰府，民国二年改县，为依兰道道尹所治。连峰环绕，中央平沃，农产既宜，交通复便。附近森林禽兽，尤为本省富源，可见一斑。惜人民稀少，开辟未盛。

三姓之旧族

合富锦之爱新觉罗，即古时东方之四子部也。一系喀嗒克勒部，汉译为葛姓，称最旺之族。又汉译苏姓、卢姓二部，未审满洲之部落名称若何。

县　治

滨松花江东岸，江流至此颇急，但东岸平于西岸，故于停泊无碍。城垣虽小，而街市宽广，商业繁盛，实自滨江至同江间第一重镇也。附近有古城遗址，或谓即五国城云。牡丹江口有滨江分关，昔江水每扑城，民国五年始建堤防焉。

教　育

　　全境学校，县城为多。县立高等小学二校，女子高等小学一校，模范国民学一校，规模略备。又有国民学校三，县立图书馆藏书亦值二千元，惜无多人浏览。道治首善，列县所观，松花江文明，下游益当发展乎。

户　口

　　六千四百七十三户，三万八千六百八十九口。

实　业

　　农家之豆、麦、粱、黍，渔人之鳇、鲑、鲤、鲶，猎户之貂、獭鼠、狸、虎、豹各皮。太平沟、万鹿沟之金矿，号为宝藏，曾经中央收回部办，不计五年，耗部款存本八万元，尚亏一万数千元，部咨改归省办。官银钱号虽复省库无力筹款。本城亦有官银分号。

乡　镇

　　土龙山、雕岭，被匪最烈。土龙山为东乡菁华，雕岭为南乡菁华也，皆非冲途。县东大碴子站、阿穆达站，县南之头站、二站、三站、四站，皆有市集。县西惟西甸子等处，因地面狭也。

交　通

　　瓦尔喀、黑斤、赫哲、鱼皮鞑子，又称使犬部，以犬曳橇于冰上。冰融后则轮船上下，客货甚便。有自哈尔滨专驶三姓者，有庙街、伯利上溯滨江之船，至此停泊者。距滨江轮船约两日程，富、桦、同、绥汇兑，均由此转。

第百三十六章　勃利县_{吉林公报}

勃利县治，东经十三度五十六分，北纬四十六度十二分，省东北一千五百里。东界桦川、宝清，南界密山，西南界额穆，西北界依兰。县名始自《唐书》黑水靺鞨倪属利稽入朝，赐名李献诚，拜勃利州刺史。勃利当年地方广大，龙江之卜奎，俄境之伯利，均号为古之勃利，此特勃利之一隅耳。地方偏僻，代表昔日之大州，观禹贡九州，由一府而夷为一县，以存古名而已。山林阻深，田园未辟，凡百庶政，仅有萌芽，十年以后，当有可观。地方多匪，保卫队尚能尽职。

山　脉

察库兰岭，亘于县南。东南道上，有七道关之险。杉松顶子，林木深藏。阿尔布善，为东北屏蔽。

水　系

倭肯河流域，上源茄子河。合诸水西流，北支五，南支六，北流经县治，下达依兰境。

物　产

野猪大者重千斤，俗云：一猪、二熊、三老虎。豺狼、狍鹿、狐狸、獐獾、貂鼠、山狸，并产之。貂熊为黄鼠与貂配合而生。

教　育

就本县闲荒划留学田，将基价二成提为县教育费。县治四站，生聚颇盛，而兴学太晚。依兰土语，有荒界、荒内、荒外之别。今县境旧时概名为荒外，有轻视之意，则勃人宜勃然奋发矣。

户 口

设县时户数已达五千，人口满万。

实 业

熟地皆由依兰分出，荒地亦然。今荒地膏腴，而无人敢垦，因匪警也。依兰道未陷，每方荒价涨至七八百元，今则一二百元，照原价出售，亦无人敢买。熟地开垦已久者，不及十之二三云。熟地价每垧三元，荒地每垧一元五角。

乡 镇

碾子河地方已繁盛，二道河子、小五站、龙爪沟垦辟较多，究竟以县西之村屯为密。杏树沟一带又有果园之利。金矿在马粪泡，煤矿在龙爪沟，游民开采，徒为盗薮。

交 通

邮路自依兰东三十里三家子，又东南三十里道台桥，又三十五里高台子，十五里三道冈，二十五里太平川，二十五里太平河子。四十五里大四站，又四十五里至勃利县城。又四十五里至小五站，距道治四五日程，为出入之门户。

第百三十七章 同江县

同江县治，东经十六度十五分，北纬四十七度三十七分，在省东北一千七百八十五里。当松、黑两江之汇口，土名拉哈苏苏，乃黑斤语老屋之意。东至绥远，南至饶河、密山，西至富锦，西北以江界黑龙江汤原。北以江界俄属阿穆尔省。金为黑水靺鞨。明季为使犬部之黑皆喀喇所居。清光绪初，始由三姓副都统编土著之黑斤人入旗，分三佐领，抽丁供役。三十一年，置临江州，宣统元年升府，民国二年改县，三年改名同江。该县人口不满万，因中俄交界，陆军驻团部，海军驻舰队，商轮既便，农垦亦兴。

县　治

绾毂内江，治东十二里黑河口，即松、黑二江交汇处。光绪二十三年，俄监工向将军延茂商借地段，自由占用。凡当冲要之地，尽为俄轮、俄船码头。华商街市偏在西面，是以不能发展。今俄国商轮多集于我，收回历年放任要地，亦国防之光。原只商民百家，黑斤十数家，今得国力保护，居民增进。

物　产

七里沁河产鱼最旺，黄鱼大者重千斤，为贡品，小者重十余斤，俗名七里浮子。边花、脑花、傲花，皆以花形别之，有黑纹狗鱼，生四足，但不易得。树林小，供薪炭。

教　育

县立高等小学校，附国民学校在城内。各乡如街津口、起元屯等处，设一校一班，即已普及，共设各屯国民学校十处。向阳屯、元三屯、二龙山、向阳川、富临屯、东莲花泡、元二屯，实兴学之先声也。

户 口

三千五百九十七户，男九千二百三十二人，女四千一百十二人。

实 业

熟地每垧二元，荒地每垧一元，沿河沙土淤积，厥田上中。俄国租地三段，每垧照旧例纳租金二十吊，以二十年为限。昔俄轮给薪之地，兼吸客货，码头驻以俄兵。今我戊通公司，华商自用轮船，上下停泊，地方渐盛。粮仅自食，出口货少。

乡 镇

二龙山、移民屯，均为各乡适用之地，东北睦邻镇、奇奇卡、街津口、科木得勒气，皆临江自成村落，原不通路，今已开通。西南泥尔固、图斯利、翟通市、布齐和亦临江，自成村落。近于富锦者，人居渐多。南则有二道冈、腰驼子、杜亮房，亦当邮路。

交 通

东北二站、街津口为赴绥远邮路，有邮政代办所。此外各站，多有不通邮柜者。沿江多沟，夏日须架桥以渡。附近人少，或绌于财力，国防重道，宜由本省多修石桥、舫路。上距依兰三百里，江心有巴彦涵，上距哈埠七百里，通轮船。

第百三十八章　宝清县

宝清县治，东经十六度二十六分，北纬四十六度三十分，在省东北一千六百五十里。东北界同江，正东界饶河，东南界虎林，正南界密山，西南界勃利，西界桦川，正北界富锦。清初以还，并为黑斤人之部落。光绪三十三年，奏拟设宝清州。民国元年，始设分防经历，隶临江府。三年改设分治员，司法事项仍隶临江。民国五年设宝清县，始完全析境而治。居饶河上游，全境皆在腹地。移民自富锦、桦川转入者，比饶河便。土壤亦较肥沃，熟地每坰三元，荒地一元五角，比饶河价值稍昂。税局由密山分设，殊觉不便。

山　脉

阿尔金山最大，东分三支，有望山坡。

水　脉

饶河如带，宝清河乃其支流，旧图宝清河在饶河南，近堪达山，有古城，今定县治在饶河北朝阳川。吉林地理各书，仍谓县治濒宝清河，当富锦、密山通道。

物　产

猴头为八珍之一，产于深山，为蘑菇菌类之冠。比猴头惟肖，用以馈送京师，颇见吟咏，生柞树上或松树上，每产必成一对，鲜过鸡头。葛兰棒子山产人参，山下棒子屯，人倚以为业。韩菜营、潘菜营视种参药如种菜云。

教　育

西门外留学田一百三十五坰，大孤山一百六十二坰，历任分治员移交，未曾招垦。学区分为六，城内第一高等小学校，余五区各设国民学校五，共成六校。高等小学岁六百元，国民学校岁三百元。先设国民学校，民国十二年始升学。

实　业

水土深厚，殊适于农业。民国四年，东北各县俱患水灾，县境独获丰收，且接济邻县。只以地居僻远，兼有沿途哈汤沮洳梗塞，垦户未集，即施以清丈。商贩鲜通，物价奇昂，烟匪马贼，转窟穴于此。欲谋地方民生实业，必先路政，一切乃可著手也。

乡　镇

中兴堡为已成立之镇市，县北有凉水泉，为天然泉，当大道上，人民适于聚居。其南有苏州屯，苏人能垦殖成屯，殊非易事。对面城西杨家屯、黄家屯表示汉族远殖。南则安家营、潘菜营、韩菜营，亦大有聚族北徙之盛。

交　通

邮路距富锦县二百四十里。浻水南北交汇，奔集饶河。下接乌苏里江，风帆可达。所惜车马艰难，南赴密山一路，灌木尚未刊除，木把莱营入山，皆在树上自作标识，故有谚曰路在树上。

第百三十九章　密山县_{大兴刘崇忠}

密山县治，东经十五度三十八分，北纬四十五度三十分，在省东北一千二百九十里，当穆棱河南岸，土名蜂蜜山子，以山产蜜蜂故名。东至虎林，东南以松阿察河之一部，南以亦字、喀字、玛字等界牌，界俄属东海滨省。西至勃利，北至桦川、宝清，西南至穆棱、东宁。唐渤海湖州地，辽仍之。明为松阿察河地，清光绪二十五年，设蜂蜜山招垦局。

三十三年，置蜜山府。民国二年改县，本作蜜山，部颁县印，文曰密山，遂从之。近年垦务、渔业发达，收蜂蜜之人多已改业。全境不足八千户，丁口不足五万人。困于匪患云。

县　治

原有城濠，每面宽三四里以上，过于阔大，守不胜守。今缩小修筑，每面占一里。有土墙高一丈二尺，底宽八尺，四门建设炮台。居民二千五百户，一万五千人。

山　脉

哈达岭、奔松子岭、发希山、双矸山，环北境如几。县西鸡冠山有煤矿。

水　系

穆棱河、大斐德里河，大小兴凯湖，展为平原。县西兴隆沟，发现金沙。

物　产

黄窝集森林，多柞木、杨柳，兼生柞蚕、柳蚕，石头河、石匠沟产石。近年农产五谷俱备。河鱼多鲤，湖鱼多鳇。全境烧商二十余家，小醋百数。

教　育

全县学龄儿童，入学者四百，学款仅十万八千吊。县城高等小学，百五十人，女学一校。平阳镇、半截河、三索通、东城基亦分设国民学校。材财并绌，虽有教育家至此，亦无术施设也。先划学田，立之基乎。

实 业

有官银号代理店，密山为新开虎林、饶河解款之地，又为宝清、勃利、穆棱、东宁之中心。地展平原，为府治计画，农产丰盈。和龙、汪清之民，将已垦之地典与韩人，得重价，移垦密山，可得地数倍，贪小利而失国土，宜加限制。全境可垦地三十六万垧，已垦地仅二万零八十七垧。岁入田赋不足万元，税捐年入三万元。

乡 镇

共分六区，清风岭、平阳镇、塔子河、五道冈、白泡子、快别当。杨木岗发达。近年平阳镇土围高筑，周四里，高九尺，建有炮台，青沟岭胡匪二次来扑，未遭蹂躏，实赖土围之力。半截河近年繁盛，东南龙王庙亦字界牌，拟为临湖县设治之用。

交 通

西南陆行六日至穆棱车站，均系山路，冬夏可行，为第一路。东北陆行五日至虎林，可附乌苏里轮船、铁路，沿河地夏日难行，昔设驿非六人一班，不敢过妖精泡南也。北赴富锦，西赴依兰，虽有大路，津梁未修。邮信至省须十日。

第百四十章　虎林县<small>张朝柱</small>

虎林县治，东经十七度七分，北纬四十六度，在省东北一千五百九十五里，以七虎林河得名。东以乌苏里江界俄属东海滨省，南与西至密山，北至饶河。明为尼玛河木伦河地。明季乌苏里江东为奇雅部，西为木伦部。清宣统元年，设呢吗厅分防同知。旋以呢吗口在俄界，名实淆舛，二年，改名虎林，今仍之。俗呼为江西，因在乌苏里江之西也。近年华商因参茸、皮张税重，私往江东俄属驿马站偷售。俄人对于此税极薄，本县税局遂无所征。今特准免去参茸、皮张税，于公家无损，于商市有益也。

山 脉

新七虎林山在河南，七虎林山在河北，大干在双砑山、堪达山。

水 系

七虎林河在县北，不如县南穆棱河，南有小穆棱河，皆入乌苏里江。

县 治

东临乌苏里江，北倚北林子山下，土名水牢。俄境亦有一山。临江下瞰，唯交通形势久折于俄，今日方面补救也。关帝庙题嘉庆己巳重修，是汉人来此已久。

物 产

虎分为二种，大虎高三尺，长丈余，雄黑雌黄，有条纹。石虎稍小，性尤残暴。林产松、桦、榆、柞、椴、榛、杨、柳。呢吗则满语之山羊，农产元豆、包米、谷子、大麦、小豆。

教 育

县立国民学校学生由十人增至三十人，始于民国四年，尚多中途退学，是以高等小学难于成立。本籍既无师范毕业生，而省师范毕业生又惮于边远，多不愿就。学田、校林，易留而难开。村屯多无知妇孺，虽私塾亦少。

实　业

烧锅为最大，大桶烧商五家，小桶二十余家。农家移垦熟地约五千垧，未垦者廿九万垧，冈峦起伏，不易凿井得泉。江岸森林亦不成大片段，无大利益。除大石山可伐石，而运出不易。全境无一名矿。全境男女丁口不足五千，有待招徕也。

乡　镇

乡间唯大路屯集较盛，县南榆树屯，南临穆棱河，夹河对峙，设穆棱河站于河南。过兴隆屯西沿河至索伦营，为二站。过河北经半拉窝集至苏尔德，为三站。三站间有杨木桥，小路二日可达。警团各分四区，每区警六人，团五十人。

交　通

华商货物，尽贩自哈埠，自俄乱发生以来，轮船不通，货物来路中绝。从前华人轮船，只行松花江内地，从未入乌苏里。现俄轮多售于华商，自应乘此时机，开驶乌苏里，则虎林与哈埠间可通行无阻。今注册航虎林之轮船已有中华、德元、德亨等号。邮路至密山三百七十里。地方税亦收船捐。

第百四十一章　绥远县 张朝柱

绥远县治东经十七度五十六分，北纬四十八度十九分，在省东北二千零九十里。当乌苏里江，黑龙江之会，土名伊力嘎。东以乌苏里江界俄属东海滨省，南至饶河，西至同江，北以混同江界俄属阿穆尔省。唐渤海勃利州境，金以后沿革与同江同。清宣统元年，置绥远州，民国二年，改县。住居汉人外，以瓦尔喀为多。县本冲要，而当局者或以为简僻。虽以知事兼办税局，而收入不丰。盖全境不足三百户七百余人。熟地只千余垧，荒地一百五十万垧，价最低。绥远之名，同于特别区，或用吉东为别名。

县　治

商市未盛，近接伯利。不能如大黑河镇，与阿穆尔省对峙，国家果重视东陲，当先以依兰道移驻，开放马路，乘俄国之衰，务以免税招徕华侨，自营大埠。今只二十五户，丁口百余。依里嘎山，为县治之镇，俯视江流，今一名绥远山。

物　产

达摩哈鱼，生于海而溯流入江，雌随雄后，长者一二丈，短亦五六尺，鱼头有孔，喷水高数丈，赫哲人用鱼皮为衣，故名鱼皮鞑子。每年上溯一次如常。黑鱼泡之黑鱼，秦皇鱼涵之秦皇鱼，皆珍味也。完达山，产野兽亦多，树供薪炭。

教　育

县立单级国民学校一。学生十三人，校舍荒凉未能遽立高等小学校。然设县不为不久，果先立国民学校十数处，分布各屯，则转瞬四年，可次第升学。即鱼皮鞑子，亦应仿黑龙江鄂伦春学校，收拢入学以迪边氓。

实　业

对岸与俄贸易，北岸铁路横亘，车站林立，轮船码头。吾国境内，仅有各站，稍有店肆。俄屯对岸，吾国民虽一二人守三间房，亦为俄人所顾。盖俄人禁酒，则吾国内酒利较多，太平山、莫勒山、秦得山，森林未启不甚密。沿乌苏里江海青鱼厂以下，渔业最盛，中俄所争也。朝鲜垦民三十一户，宜预防也。

乡　镇

乡屯之重要者，曰防守屯、曰永乐屯、曰国泰屯、曰固本屯、曰富有屯、曰民康屯、曰强盛屯，多在乌苏里江支流之上，自成一屯垦区。沿江直至饶河界，设屯无异设站也，太平山为韩民所集。

交　通

戊通航业公司有轮船上下，设事务所。上至同江三百六十里。陆路各站，亦沿江以西，曰浓江站、曰色拉库街、曰秦得利、曰额图。因沿江沮洳，大路不能不距江稍远。浓江有小路，则木把、猎户所出入也。有邮政，无电报。

第百四十二章　桦川县

桦川县治，东经十四度三十二分，北纬四十六度五十七分，在省东北一千四百零五里。东至富锦，南至密山，西至依兰，北以江界黑龙江汤原。渤海以还，纯为鞑靼人所居。清初为不属佐领之黑斤人所居。宣统元年，设治于佳木斯，名桦川县，盖因初欲设治于桦皮川也。二年，因水患移治悦来镇，今仍之。佳木斯仍为下游粮食之中心，虽经匪扰，而地土膏沃，开垦较易。市帖充斥，钱法毛荒，乃商团竟有通匪之事。岁费三万元，而成败如此，虽撤换队长团丁，亦敷衍了事也。

山　脉

马鞍山最峻，西有分水冈。又西北至歪顶子，分大峰堆、小峰堆两支，南有孟家冈，西有八虎力山，接于界上烟筒山。

水　系

汶澄河、柳澍河，出分水冈北，经县东入松花江。音达木河出分水冈西，经县西入松花江。八虎力河、七虎力河，西南入倭肯河。

物　产

农家中稔，畜一年粮，禁运出境，足以备荒，盖恐不足民食。木柴烧炭最多，桦树有香桦、臭桦之别。香桦硬，臭桦软，树身色白，叶为圆形，边有锯齿。

教　育

国民学校县立三，私立二，县城高等小学校一。然国民学校无异私塾，高等小学设备未完，师范毕业生尤惮于地方瘠苦，钱法毛荒，不肯安心教授，是以教化不进。惟有先划学田，以待垦辟，先植其基乎。

实　业

商务夏日较旺，因夏日轮船畅行，山水顺流，柞树冈、桦子场亦易运出。葡萄沟产野葡萄多，可以造酒。金矿有笔架山、□安沟、大沿沟、太平川、夹皮沟、大青背，多已开采。惰农狃于种烟之利，憨不畏法，陷身为匪，横被兵灾，可诛可悯。难民逃户，自弃田庐，气象萧条，良民富户裹足不前，劝业大不易也。

乡　镇

佳木斯不但为一县乡镇之冠，依兰下游再无此巨埠。其南有大龙沟站，为陆赴依兰要冲。沿江蒙古力、苏苏屯、汶澄岗，皆旧日列站。山中惟聚宝山、临音达木河，自成市集。东南深山中，有梳妆楼，为勃利夫人古迹。

交　通

戊通航业公司，有轮船上下，委托东盛恒为代理店。佳木斯在县城上游八十里，亦有小轮停泊所，且有电报局，江省汤源电报，亦由此转。县城、佳镇邮局并列三等，实际则佳镇交通为便。

第百四十三章　富锦县

富锦县治，东经十五度四十二分，北纬四十七度十分，在省东北一千六百四十五里，土名富克锦。东与南至同江，西至桦川，北以江界黑龙江汤原。清以前之沿革，与同江桦川略同。清为黑斤人本部。光绪八年，始设协领，寻置分防巡检。宣统元年改设富锦县，今仍之。当烟禁未严之时，下游各县及俄边烟土，均麇集于此，一时商务冠于东北各县。迨烟禁严行，市面转觉萧条。然地土肥沃，改种农产，均可获利。奉天昔年售一坰，在此可购一方。熟地每坰三元，荒地半之。

富锦之古迹

瓦利活吞，活屯亦作和屯，满语城也，在县西，与桦川县交界地，北傍松花江，建于岭上，盖山城也。乌龙活吞，在瓦利东百三十里，今尚为赫哲人所居，土名卡尔库玛。对面城，在县东南八十里，有古城二，夹七里星河南北对峙，是河今与饶河县分界，故南城已属饶河，实最大古城。土人不知其名，新来垦民以对面城呼之。夫替活吞，在县西十五里附近之地，今亦名夫替冈，有赫哲人百余户居此，因又名夫替大屯。考此城为古时东方四子部之中点，清远祖实居此，见《罗刹外史》。四子部之一为爱新觉罗部，系清之本部，译汉姓曰赵，其余三姓则在依兰。活吞吉利，在县治西门外。

教 育

县立国民学校三，高小学校一，皆单级。

实 业

挠力沟为烟匪所集，破依兰时集众万人，各有枪械。京师政党有运动者，烟匪只以种烟为业，不预闻政治，不久亦散。后因军警搜烟綦严，匪徒分得烟土，至街市分销，悉被搜检。遂变为小股分，扰吉黑交界，彼则自称初意只务农也。

乡 镇

南有怀德镇，又名中安堡，为宝清要道。沿江和悦镇、康阜镇，皆新设。霍悦路、哈尔库玛、三道乌龙，则旧日台站沿江者也。山西屯则山西人集居。

交 通

使犬、使鹿部所使非犬、非鹿、非牛、非马，土名堪达罕，俗名四不像，汉名驼鹿，用以曳车。戊通航业公司有轮船上下，专设事务招揽客货。邮路沿江二百四十里至桦川，其间未设分局，盖邮件悉交小轮船，冬日以爬犁专送。

第百四十四章　饶河县<small>张朝柱</small>

饶河县治，东经十七度十四分，北纬四十七度九分，在省东北一千九百四十里。当饶力河南岸，县治亦名挠力河，盖满语谓禽鸟众多之地曰诺罗，汉音转为挠力耳。东以乌苏里江界俄属东海滨省，南至虎林，西至同江，北至绥远。明初为奴儿干都指挥使所管之尼玛河地，后为渥集部之诺罗路。清初为黑斤人所居，宣统元年置饶河县，今仍之。县治原在佳河屯，今移至饶河口。熟地每垧只一元，荒地半之，与绥远同为最低额，以广招徕。丁口不过一万三千，升科地只千五百垧。税捐年千余元。

山　脉

自虎林安巴倭克里山北界，东至拉丹哈达拉岭，横空盘郁，万径无人，北至佛力山老营盘岭渐有人迹。东北至饶力葛山至河滨，今名饶山。

水　系

饶河上源出密山经宝清之南入县境，北岸经同江境至县治之南，又东流至船口出饶河口入于乌苏里江，其南有入江水九。

物　产

河鱼鲤、鲫甚繁，大鳞、细鳞各以形别，黄、白、黑、青各以色别，草根、槐子等鱼，已有鱼捐。烧锅已有酒捐。鸟则野鸡、沙鸡、树鸡、水鸦、鸠鹊、百灵。兽则狐狸为最。

教　育

四区各留学田一千三百五十垧，全境共五千垧，自行招垦。唯居民稀少，招生若不足班，学龄儿童只三百八十余人。公立学校未成，只有私立一校学生三十人，无常年经费。陆军到防，又夺其校舍为营部，惜哉。

实　业

山野生业四种：有木营，为伐木人之团体，沿河多山林，河流易转运。二曰菜营，范围甚广，种参之户，既植艺连畦，外如黄蓍、白芍等药品，并列亩而栽，其种甚溥。又伐榆、柞，生木耳。他如采参、捕貂深入岭谷，行踪尤不定焉。年来种烟者盛。

乡　镇

东安镇在县东一百里，临乌苏里江，今已成街市，他日可成县治。燕窝名目甚雅，余如西涵、霍伦、三人班、偏江、小安河口、鸡心口、大带河、团山镇、小别河口、大别河口、多曼、七星河，因吾民耕稼、陶渔之地，为之治道涂、防匪患，则垦户或可集乎。未放荒七万垧。今长泰、长豫、长丰、长益四区，共二十一屯。

交　通

官款商兑，均以密山为中心。盖富锦至饶，中隔山道，依兰更远。唯上循饶河之滨，西风沟、燕儿沟、大小索伦河、四方顶子，经宝清各地，逾密山北之土山，南至密山，有邮政，无电报，近于俄路火烧站、小青河站、北京路。

第百四十五章　方正县

方正县治，东经十二度五十四分，北纬四十五度五十二分，在省东北九百二十里。东至依兰，南至宁安，西至同滨、宾县，北以江界黑龙江通河。元属呼尔哈万户府。明季属呼尔哈部及诺雷部。清光绪三十二年，设大通县治于江北崇古尔库站，嗣因江北之地皆拨归黑省，宣统元年乃改设县治于江南方正泡南旗产地界，定名方正县。东西二百二十五里，南北平均百二十三里，面积二万七千七百七十一方里。升科地四万余垧。南多冈陵，北临松花江，平衍沃壤，仅三之一，而人民之业农者，则占十之六七云。

山　脉

龙爪沟岭、阿穆达山至老爷岭，北至德墨里山，长方如砚。东南双凤山，西南丹凤山，风景并佳。东南大泉眼山，有泉。

水　系

松花江自宾县黑水泡入境，流二百三十里至洙淇河依兰界，通轮船。东界牡丹江。西十二里蚂蜒河，通帆船。

物　产

方正泡在县北二里，产蛤有珠。莲花泡向产莲花。农产皆备，足食有余。黄烟、线麻、蓝靛，产出亦多。

教　育

有新编《方正县志》小册，可为小学乡土课本。县立高等小学校在城内，较为整齐。四乡国民学校，亦按年推广，文教冠于依兰各县，而远逊上游邻邑，所谓目仅识丁即自命为士也。

户　口

八千一百九十二户，男二万五千四百七十二人，女万八千二百五十七口。

实　业

老爷岭森林甚多，沿江小河运出极便，是以木商恒获巨利，有镜波公司、裕方公司、阜济公司，及小商无数。民皆务农。而沿江之网房，渔业亦盛。矿有金、煤，未即开采。

乡　镇

以德墨里为最重要，通河县亦借此发电。涌淇河亦临松花江，水运颇便。乌斯浑临牡丹江，为县东要地，县西则会发恒，市面殷实，新安站亦当冲要。南天门北临松花江，为后起市镇之冠。西北有高丽王坟，又有高丽城在东南。

交　通

邮路北四十里达通河，东三十五里通德墨利，为电报局所在。西南二十五里会发恒街，由夹信子通同宾、乌吉密，始接于铁路。站道由德墨利、涌淇河，沿江以东，通依兰，由新安站西通宾县。南天门临松花江，为轮船码头。

第百四十六章　穆棱县

穆棱县治，东经十三度十八分，北纬四十四度三十七分，在省东北八百十里。东至密山、东宁，南至东宁、宁安，西至宁安，北至依兰。金为女真别部，《世祖本纪》："拉必、玛察据穆棱水，使阿里罕往抚之"是也。明为木伦河卫，清初仍称穆伦部。光绪二十八年，设穆棱河知事，隶绥芬厅。宣统元年改县，今仍之。俗呼为穆棱河街。北负大山，东南临水，且临铁路，天然之建设。人文之发达，日新月异，所谓西引欧风，东挹美化，为世界之中衢，列县中唯滨江可步趋也。

山　脉

穆棱窝集岭，环本县之南及东南、西南，最高处曰三个顶子，有林场。同益公司二百五十方里，地方民林二百方里，产松、柞、杨、桦。西亘黑土岭，北至庙岭有金矿。

水　系

穆棱河，源出穆棱岭，东北流纳泉眼河、小石头河、偏脸子河，经县治，北纳柳毛河，南纳兴隆沟、太平川、朝阳川，又纳扣水河北流，入密山界。

物　产

森林盘亘，古榆树、空杨树留为纪念。梨树沟为天然果园。黑瞎子沟、狐狸密河野兽可猎，悬羊砬子亦蕃滋。细鳞河产细鳞鱼。楸皮沟、凉水泉有金矿。

教　育

民国四年，始有县立高等小学一，国民学校二。今县立国民学校增至四处，私立一校。全县学龄儿童一千四百八十八人，入学者四百五十二人，占人口千分之一。洪荒初辟，宜早定学田、校林基产。

户　口

二千三百八十一户，男一万零四百八十八名，女八千三百二十一口。

实　业

穆棱车站宜开为最大工商场，合各森林小公司设火锯厂。兽皮既多，招工销染，设大皮货厂，制皮帽、皮鞋，行销必多。金矿亦设炉自炼。务令滨江东南沿铁路贸易集中于此。今熟地不及万垧，可垦地十五万垧，岁出粮食已四万六千石。

乡　镇

八面通、下城子，生聚最盛，被匪最烈。孤榆树屯、杨树岭，类以植物所产为名。马桥河站即抬马沟，为全境第一大站。西南有泰东站、七站、八站，沿铁路而盛。县北上亮子，为赴密山之要道，亦成市集。西南新清茶馆，地方以茶馆得名。

交　通

穆棱河站距城十八里，中东铁路要站，在八站、九站之间。东至密山，西至宁安，皆有大道。盖东至五站，即交俄界，门户洞开，和平时周历环球之万国卧车公司，有通票过此。西向抬马沟，为赴哈埠、回省、晋京之要道，三日可以到省。

第二十篇　蒙　旗

第百四十七章　郭尔罗斯前旗

郭尔罗斯前旗镇国公府，东北临松花江，以江与扶余分界，卡伦屯与扶余隔江对峙。东南自郭家村江滨，循东花园、白鹤山至大青山，与农安分界。西南黑坨子、博楚尔班伸至青火烧岭，与长岭分界。横亘小沙漠一道，与长岭北境相连。当托托武府之南，扶余西南渡江，有鄂莫尔站、察占满站、其齐里满站，昔为要道，其北则蒙古屯。清末就旗地放荒，于是公府之收入，尤为殷富，比之上古封建之国，无此安荣。汉蒙相安，无愧共和，唯婚姻罕通，住居暌隔，宜由渐而共进也。

郭尔罗斯部之沿革

本契丹地，辽置泰州昌德军。金，金安县。元为辽王分地。明为科尔沁所据，后分与其弟乌巴什，是为郭尔罗斯。清初天聪七年，台吉古木及布木巴来降，后封古木弟桑阿尔寨辅国公，世袭掌前旗，布木巴镇国公，世袭掌后旗。民国以来，优待蒙旗，王公爵赏尊荣，亦如旧制。

教　育

蒙旗有款无人，唯当差子弟粗习蒙文，间有习汉文者。盖清制禁蒙古人习汉文，蒙古人亦利用愚民易制。奴隶、世仆无读书之资格，王公贵官子弟所延私塾教员，多未得人，世家子弟，不恃学校为出身也。

实　业

昔日全以畜牧为业，今牧地大段放为民业，有地者以食租为生计，比昔日更优裕。少数生计荒地，则任家奴游牧，以供本旗蒙众之刍豢食料，尚觉有余。岁有牲畜出口，其余若牛羊皮张、羊毛均为大宗，兽骨输出者亦不少。大布苏地方，有苏广味，京货浙缎，输入甚多。私帖发行者二家。初田租全归蒙旗，今分纳国税。

蒙　情

公府即地方政府，部下种人，服从已久，属官皆由公府委任。对于地方之权，倍于县知事，文牍讼狱甚少，其旗制即系兵制。惜公府力仿京师王公府第，以遂其奢，地方百事，无一举者。

交　通

邮路自公府东南六十里农安县属哈拉海城子，东二十里至高家店，又二十五里至万金塔，又六十里至张家湾东省铁路车站。陆程二日从容可达，为出入门户，蒙人视之比长春尤要云。电报自扶余接线，公府有电报局。

第百四十八章　已垦蒙荒

吉林之长春、长岭、农安、德惠四县，原系蒙荒。长春、农安开垦早，德惠则由长春分析，长岭晚开，小有沙漠，土质硗薄。昔放荒伊始，荒户包揽大段，丈地委员视土地不甚爱惜，不免浮多。自设清理田赋局，始自报升科，盖清丈时定有七扣，实地百坰纳租七十坰，长岭县及农安西境瘠地，并长春十一、二、三甲，原定三扣。如私垦官荒，无租黑地，及台站私占地亩，均按上中下三等收价。当年升科隐匿地亩，归蒙旗另放，汉蒙合璧执票，由清理田赋局发给。满蒙合璧大照，由蒙旗制印，钤用印信，省公署加印发给。

长　春

长春市上，设有蒙古地租局，四县税捐征收局，经征牲畜、斗税、销场豆麦及蒙照烧锅等项税款。除照章提一成经费外，再以九成与蒙旗分成拨用。四县蒙租处，于甲乙两区，竟有甲区收永洋，乙区收现洋，赋税不平，已由省议会提案审查。乃以蒙人持之坚，遂定蒙租悉付现洋，以示优待。蒙旗收入既丰，购买长春洋货，及苏广各货，运回公府，增益奢侈。居颐气，养颐体，不自觉也。

德　惠

哲里木盟长咨下九台、张家湾商埠，蒙古自留街基，请免缴价。省署咨复二处均系商埠，并非外人居留之地，不能照长春开埠之例，仍请一体缴纳。且下九台占吉、德两县之间，所占民地，既须给价，蒙民所领街基，自应收价。张家湾地方，蒙旗所领者，仅德兴街路西二段。第七区垦户，林氏颇盛。

农　安

民国十年十月一日开征，蒙员来县设柜，关于蒙租三角奉令改征现大洋，其国赋二角，仍收永衡大洋票。历年陈欠，一律照缴，农人颇有怨咨，幸收入农产尚丰。近有请在伏龙泉镇添设县治，未批准。共垦蒙荒二十一万坰有奇。已通汽车。

长　岭

民国八年曾被水灾，共淹地二万一千七百三十八垧，沙碱地十五万垧未垦。县北之北沟，西至乌尔图布呼图，北至南平镇，中隔小沙漠，其间有古城，昔日必有水泽。全境熟地，尚有十二万三千余垧，普力公司，粮不报税，今缴税矣。

第百四十九章　未垦牧场

吉林西北，原郭尔罗斯蒙旗地，地旷人稀，杂草茂生，牧畜最宜。南北约二百里，东西约百里，其余则有依兰以东，沿松花江岸四十余里之荒地。兴凯湖与蜂蜜山间，东西约百余里之蒿沟。及延吉、珲春间与朝鲜为界数百里之平原，皆最良之天然牧场。由人力经营者，则依兰城南七八里有官营牧场一，长约三十里，宽约十里。又城正南里许有民场一，周约三里。扶余城东七里，亦有官营牧场一，畜产颇盛。郭旗生计地日辟，牛羊群尚为大宗也。

游牧之孳生食料

羊草　叶窄、茎细、高二尺余，性最软，生于荒甸。

小叶张草　性硬，食不易化，作房上草则优。

野生之植物

蘑菇　荒甸产蘑之地，草茂色黑。营盘蘑作圆形，则因在帐外弃牛羊脏腑也。

木耳　生于已倒大树之上。

游牧之状况

问富数畜以对　蒙古王公、台吉、喇嘛，凡有官职者，无不有牲畜，官愈大则愈多。彼此比较，如古礼数畜以对，千余百乘之家，盖寻常事，唯奴隶无牲畜。有俄官游蒙，答以家无牲畜，只有汽车，蒙王视为奴隶出身，不加敬礼。

谷量牛马　蒙古牛马太多，不可数计，道自称有数十沟，因水草所在计之也。分家则各房男子得若干沟，不计小数。今头、二道沟已开埠。蒙王租息多，而牛马少矣。

匹头交易　蒙民以牛马羊为货币，昔多以牛马一匹，易绸缎一匹。来源甚古，今犹如是，名曰匹头买卖。牲畜贩入内地，得利数倍。

马行速力　蒙民每人必有一马，无论远近必乘之。有于十数里辨毛色而知其人者，蒙古人在野，眼光宽也。日行千里，以五百里为常。

牛羊食量　昔年日食全牛者，殆非奇事，今犹有日食全羊者。开荒后，守旧者仍内徙，守滋牧旧日法。

第二十一篇　旧　界

第百五十章　东海滨旧地

有清每自称龙兴东海，满洲名臣亦多出自东海渥集部，乃宁古塔将军西徙，吉林军备，遂视东海若无足重。咸丰微弱，英法入寇，俄使乘间劫盟，以巧取我万里无人之闲地。吉林将军景淳，黑龙江将军奕山，皆视空地无足重，任意赠送。自枢臣以至边吏，若奕䜣、瑞常、成琦、特普钦、爱伸泰、富隆额、图钦、吉拉明阿、富尼扬阿等，皆万世罪人。媚外无识，盖损失国土之广，殆与东三省面积等大，彼时全国鼎沸。发、捻、回匪，四分五裂，内地不统一，则边境易蹙，东隅已失，亦前车之覆轨。

乌苏里铁路

创于一八九二年，前俄皇尼古拉斯二世，时犹为太子，曾来远东，于途次手掇一石，以行开工礼，阅五年竣工。其自双城子至伯利之支线，则又后二年工始竣。此路桥梁工程最巨，如利浦河、伊曼河、毕克河、克雅河、哥尔河，桥之长者七八百尺，短者亦二百五十余尺，伊曼停车场并有枝线，通至江畔之革拉夫斯克，冬季橇车之出发点也。

新旧种族之天演

旧族　窝集旧族明智，早已编旗，移省移京，今犹显仕；牧猎之民，智识低浅，田野愈辟，山荒愈少，生计愈困。如荒岛土蕃，终于自灭，其数日减。

新族　汉人、日人、韩人皆务农，亦务商而规模稍小；西人巨商，造成巨埠，遂为主人。俄有主权，其民特盛。

中俄移民之比较

国力　俄国以全国之力，经营远东。所有移民，免车费免税，并给予各种奖励，俾移民安其生；吾民则自恃人力，不藉国力，是以难也。

家力　俄国农商多挈眷，女子亦司账目；中国商人多不携眷，即携眷亦徒为衣食之累，不能为营业之助。然华人千万，在东海滨有租地之权，娶俄妇成家。

人力　华人耐苦，多任劳动工作，且工资较廉，而信用最重；俄人休假太多，人习醑嬉。华人虽例假，亦照常营业。

第五十一章　海参崴 陆是元

海参崴为吉东良港，光绪初聂士成阅边至此，吴大澂分界，失沿海重地。俄人横贯欧亚之西伯利亚大铁路，以为东端。东译为浦盐斯德，又名海湾曰大彼得海湾。海参崴半岛南陲，西有阿穆尔海湾，东有乌苏里海，南有一岛曰诺继港，东有索伯力港，吉林、黑龙江出海货物，多取道于此。惟冬期封冻，气候不良。昔为无税口岸，以广招徕，吾国特设总领事于此，有轮船径赴上海。俄国分裂，海参崴尝自建西伯利亚假政府，极东政府。新旧革除，久而未定。吾国派军舰戍崴，以保华侨，日美联军亦由此进驻焉。

海参崴之各种人口

清宣统二年调查。

人种别	性别	人数	性别	人数	合计	人数
华　人	男	二八五九一人	女	一二〇九人	合计	二九八〇〇人
俄　人	男	三一六七五	女	一八七七六	合计	五〇四五一
韩　人	男	二一三八	女	一七九	合计	二三一七
日　人	男	一四三七	女	八〇八	合计	二二四五
欧　人	男	七八二	女	四五四	合计	一二三六
犹太人	男	一二	女	四	合计	一六
鞑靼人	男	六〇	女	一〇	合计	七〇
通古斯人	男	一四六	女	一〇一	合计	二四七
他种人	男	一六六六	女	八四三	合计	二五〇九
共　计	男	六六七七六	女	二三三八六	合计	九〇一六二

俄亚银行

旧名华俄道胜银行，修路之初，即沿路设分行，发行俄币，名曰卢布，华人名曰羌帖。原系金本位，是以每百卢布，曾涨至银元百廿元。俄乱纸币跌，今无人愿用矣。北京俄亚银行兰德，证明此银行是股份公司，俄国国民事业，曾在俄京注册。法公使卜柏，证明俄亚银行，有东省铁路股分全部所有权。

交　通

自海参崴达俄都森彼得堡，初开车时，计程十四日，然快车不过十日。自此四百八十九海里，至日本之敦贺，以达大阪，为东西之要道。哈尔滨至海参崴，行车凡四十点钟，地方较为繁盛。各国货物欲运往吉、江者，必取道于此焉。

第百五十二章 伯 利

伯利当乌苏里江入黑龙江口之东岸，俄名哈巴罗甫斯克，东海滨省之固毕尔那托尔驻焉，昔为勃利国故都。东海滨形势狭长，海参崴偏于南，庙尔偏于北，皆可为道治，不足为省治。伯利锁钥全江，与长江之金陵相等，有龙蟠虎踞之势。以肯客塔阿林为中干，东流入海，西流入江，百川所出焉。耶字界牌本在伯利东岸，今西移九十里，立于通江子入江之口，所成三角洲地田，俄人竟设防榷税矣。其他一江一湖、一山一湖之隔，界碑能确定乎。吴大澂之铜柱，彼则取归为博物院陈列矣。

军事之建设

枪炮制造厂　陆军招据所在。原拟复日本大仇，侵中国边境。

子弹库及火药库　仓库百六十间，弹药车三千余辆，可供六年战争之用。

粮秣总厂　有仓库三百余间，备三年之粮。

全境军队　约二十余万人，欧战时回国赴前敌，多死于战，不戢自焚也。

俄人奢风之传播

居处　洋楼汽管，先自官署仿效，西豪商继之。滨江屋每间月十元，比京师五倍。

器用　铺地之洋毯，丽于内地富户之床毡。电灯十支光已足，亦滥用百支之光。

饮食　从前乾雅客之酒，咖啡之茶，吕宋之雪茄烟，一切不必用者，皆用以待客。

马车　自快车驾西伯利亚马飞驰，于是骡车无人过问，滨江已有电车及汽车。

风俗　贪官舞弊，奸商卖空，巨骗豪赌，优娼征逐，超过旧俗数十百倍。

收回之主权

戊通航业公司　设总公司于哈埠，伯利、庙尔皆设分公司。

华轮公会　戊通以华人收买俄轮，行驶伯利、庙尔等处甚多。

正领事报　原驻副领事，今拟晋等设正领事。

不禁华工　民国初，俄工忌华工入界，欧战后，死亡壮健太多，华工入界日盛。

交通　铁路南通海参崴，近日机关车少，只五十七辆，每次只可开邮政车，往返各一列，客货各二列。沿路倒车暂有机关车二十六辆，四大列金斯科至伯利铁路一千五百二十五俄里，东段已成一百八十三俄里。

第百五十三章　双城子

双城子在中国东界一百八十二里之外，为乌苏里铁路分歧处，南至海参崴二百二里，北至伯利一千二百三十二里，皆一车可通。双城皆似辽金古迹，名曰双城子，以别于哈尔滨之双城堡也。昔与海参崴同为无税口岸，商旅惠来，唯严禁烧酒入口，因俄人恒酗酒滋事，情如疯癫，不比华人醉则高卧也。俄人注意沿边，是以乌苏里各车站，皆就沿边各屯，联如贯珠，实古人双城子并列之精神。吾国沿边千里无人，今沿乌苏里各县皆系新设，犹幸补牢未晚也。

俄人移民东方政策

分布　国家费先移民五十万至双城子，分布伯利、海参崴各大埠。

开垦　沿边每年移四万户，大户给二百元，中户百五十元，小户百二十元。

建设　开道凿井，悉由官费。

边屯　大屯五六百户，小屯亦二百户以上。

道路　两屯之间，必通快马车，且有定时。

东乌两路联络运输之规定

一、东省铁路一带之谷类，经由巴克拉向海参崴方面之输出，自十年十月十五日起，每日开发二十货车。

二、山东省铁路出资，在海参崴埠头建筑起重机，直接将谷类，自火车移积轮船，免致入库之损耗。

三、货物之保险，由俄路公司及保险公司负担各半。

四、东省铁路出资建筑能容一千吨豆油之油桶两个，为贮藏自哈尔滨输入豆油之用，预备移积轮船输出。

按双城子为东、乌两线之联合点，是以论两端，则哈埠、海埠重，中枢在此。货车时间，尤盼加速也。近日粮石倾向由崴出口，即东省联络之效也。

交通　干路至海参崴，支路至伯利而外，由双城子至耶夫格尼也夫站，续开之车各一列，沿路今日为日本军队所据，势将夺主。俄新党炸毁桥梁，交通中断，可谓竞争之剧烈者矣。

第百五十四章　庙　尔 _{伯利探路记} _{京沪各报}

庙尔城，即《大清一统舆图》，集达特喀城，扼黑龙江之口，前明奴儿干都司治所。俄人据之以为尼果来耶斯科，以彼国帝名名之，可见其重也。倭文书报，省曰尼港，华侨在北者，仍呼庙尔。然庙在城之上游，二百五十余里，名曰永宁寺，寺旁村市曰特林，即永宁之转音。有二碑矗立江边岩上，一为永乐中所立，一为宣德八年重修时所立，皆记太监亦失哈抚谕奴儿干及东海苦夷事。今其地又名庙上，或名庙街。咸丰十年，弃地归俄，汉人从逐殆尽。今之华侨，则近时营商而往者。近日本尚驻军一旅，将据为己有焉。

庙尔与本国之交通

华轮自哈尔滨下驶，不能越富锦县一步。今戊通公司成立，东省长吏根据《瑷珲条约》，挽回固有利权。南翔号江轮，由庙尔上驶泊在伯利，俄官遽起抗议，正式交涉，五色国旗遂得飞扬于混同下游。共汽船百七十七，拖船百二十六。

庙尔之人口

依民国八年之调查，共一万二千二百五十人。就中华人三千三百三十人，韩人九百一十六人，日人二百九十一人，余为俄人。每夏，矿工、渔人骤多。

江亨之交涉

日人谓之尼港，民国九年三月，俄人屠戮日商七百人，倭人迁怒于驻扎尼港海军炮舰江亨，交涉经年，竟归失败。彼国外务省、公使馆所公布之条件四端如下：

一、中国政府对于本件，特向日本政府表遗憾之意。

二、江亨舰所属舰队司令官向海参崴日本军司令官陈谢。

三、中国政府对于该舰长以下之关系者，加以处罚。

四、中国政府以吊慰被审者之意味，交三万元与日本政府。

庙尔官商各机关

阿穆尔省采金区公所、清金化验所、防军事务所、邮政局、海关事务所、埠中金库、道胜分行、借贷银行、图书馆、自治会、官医院、天文台、女子中学、实业学校、阿穆尔轮船事务所、东亚报馆、水上救生局、义勇水会、公共俱乐部、军官俱乐部、里蛮及东海滨报馆。

进口之船只

日本轮五十，帆二九，挪威十七。俄十五。英六。法五。丹麦一，共一百二十三艘。

产金之地点

安公河、阿穆尔采金公司、鄂科勒及赤利亚湖、乌德利。

第百五十五章　黑龙江下游

黑龙江自伯利以下，至于庙尔，大江向东北流，愈北愈寒。外兴安岭为南北大干，旧为吉、江分界。下游一大段昔时全属吉林，即江北支流亦属吉林，今完全属俄矣。然下游城市不如上游之盛，伯利、庙尔之间，无一著名大埠。盖外兴安岭东麓至沿海，山势渐低，无崇山峻岭为北风之屏嶂，农时远不如上游，谁肯去逸而就劳。是以下游经俄人掷巨币经营，必须上流垦毕，或可移殖也。伯利至庙尔已有中华军舰商轮行驶，以符原约。俄自乱，我自强，天心或有转机乎。

黑龙江下游各支河

温玛河　出布达斯奇岭，曲折东南流，过楚尔奇山麓，纳库尔河，合流入江。

库尔河　出乌列克赤岭，西南流，入于温玛河。

索列库里河　出肯客塔阿林山，西流入于江，河口对库伦。

赤库赤河　出吉吊岭，西流入江。

嘎尔河　源于穆爱河，西流入江。

嘎林河　出达雅岭之北，经嘎林会那倭林湖，东南入江。

那倭林湖　会多斯灭河成湖，南流入倭林湖。

图都尔河　与海滨托罗河同出分水岭。

留穆舒尔河　出斜特阔山。

奇古湖　江南受江水成湖，引为渠，东北入于江。

毕赤河　如湾弧形，自西岸东流入江。

伊里都河　东北流入于毕赤河。

穆根河　出外兴安岭吉、黑旧界。

札察昆湖　四山之中，北分三渠，入穆根河。

克尔毕河　出外兴安岭，东北入穆根河。

尼密连河　出外兴安岭，东南入穆根河。

伊穆河　出斜特阔山，北流入穆根河。

库里河　出奇温岭之东北，南流入江。

第百五十六章　库页全岛

库页岛在黑龙江口外，《大清一统舆图》，列于吉林，亦作库叶，皆苦夷转音。《海国图志》作黑龙屿。《水道提纲》作大长岛。《大清一统志》作大洲。《会典图说》亦然，皆同地而异名也。外人论库页则见于《地理全志》，日本称桦太岛，一作唐太，又称柯太。俄则称为萨哈连岛，以与萨哈连乌拉相对也。南北长二千余里，东西宽数百里。本满洲领土，观《一统志》及《会典图说》所载，皆确凿可证。姚文栋《筹边论》云：库页岛直混同江口，如崇明之锁钥长江，台湾之屏蔽浙闽。清初尚隶版图，今则竟为倭、俄分据矣。

库页岛多风重要之成因

一、由于俄货兹革海及日本海温度之差而生。

二、由于大陆及俄货兹革海温度之不平均而生。

有以上二因，故其方向为自南而北，或自北而南，风力最强。而岛中山脉，又多南北蜿蜒，不能施防卫也。

库页岛之二寒流

一、由俄货兹革海之东北来，向西南行，更可分为二：

甲、冲岛之北部，沿东北向南至北知床港，会宗谷海峡来之暖流，寒温稍融合。

乙、沿本岛东北岸南向，直达千岛群岛，其力则全然消失。

二、由俄货兹革海西北部来，沿本岛西岸南向，注入日本海。

库页岛之暖流

对马潮流，萨哈连暖流，皆黑潮之支流。过宗谷峡至本岛南端，沿海岸进北，知床岬与寒流遇，化为小暖流，俱沿岛之西岸而行。

库页岛之物产

木材　十五亿八千四百万尺，每年所采只九百余万尺。

炭田　敷香河畔，日俄之间，延长百二十里，西海岸及南岛端亦盛。

水产　鲱、鳕、鳟三种，大渔场三百三十，杂鱼场二千八百，制蟹罐头工场八十。

农类　麦类收获二万六千余石，不及一边县。

动物　貂皮昔多今少。

第百五十七章　俄人经营库页

俄人东侵，始于明清之间，崇祯十二年达于极东鄂霍司克海，旋至堪察加，又至千岛，逐渐蚕食。未几，勘至库页岛，遂输囚徒，使开渔矿之利。1789 年遂于岛之南岸母子泊地方，置政厅、设监狱、立教堂、驻守备之兵，复移殖住民，谋实业之发达。测量西岸，虐待土人，又至格南里肆行劫掠，于是库页岛尽入俄人掌握。而倭人之踪迹，亦于是时至该岛，倭人占据岛之南部，俄人与之屡次纠葛，迄未解决。光绪初，两国立约，以千岛属日，而以库页全岛归俄。日俄战后，日据其南，两国竟各得其半矣。

库伦本岛之要地

南段　瓦斯坦、库松科坦、摩尔威瓦海湾、玛势艾卡伦。

中段　黑里都、乌伦普、波罗奈。

东段　诺间尔。

北段　万吉卡伦、额勒窝、秦具尔窝、句喀勒湾。

库页附近诸岛

东海岛　沃新楚鲁峰岛、图勒库岛、雅普格哩岛、海内天然八岛，以上诸岛皆在黑龙江口附近。

珊延岛、小多璧岛、西斯赫岛、阿萨尔乌岛、大多璧岛、狃狃斐颜岛、扎克□吉岛、法萨尔吉岛、岳杭噶岛、鄂尔博绰岛、特依楚岛、翁郭勒绰岛、和尔多岛、蒐楞吉岛、勒富岛、雅哈岛、摩琳乌珠岛、日鹿岛。以上诸岛皆在库页以西。

库页之山峰

图克苏图山、音格绳山、塔格玛山、阿当吉山。

库页岛之河流

博和弼河、杭爱河、题巴努河、温特呼河、楚察馨河、楚拉河、特肯河、益对河。以上八水皆西流入海。

阿当吉河、齐都齐河、塔他玛河、果多和河、努哩伊河、达希河、萨依河、弼勒图河、额尔雅河，以上九水皆东流入海。

第百五十八章　倭人分据库页

民国九年倭人垦殖库页岛，已一十万五千七百六十五人。查倭人之至库页，始于清乾隆四十二年，松前藩士等至岛南部，后幕府亦派人巡视该岛。五十四年，松前藩士始令高桥清左卫门，至西拉奴，建交易所、开渔场，是为倭人于库页设官之始。自后屡次北进，终以险阻而归。与俄人之界限未分，倭人颇忧之，屡议划界未果。同治六年，始于圣彼得堡订两国杂居之约。明治维新极力扩张，欲据全岛为己有，旋以千岛而易库页。日俄战役，进据库页，朴兹茅斯约成，北纬五十度南归倭有矣。

倭人经营库页之略史

清乾隆四十二年　即倭人安永六年，松前藩士、新井隆助，巡行该岛之南部。

乾隆五十一年　大明六年，幕府派大石逸平巡视该岛，然此时尚无施设。

乾隆五十四年　即宽政元年，是倭人于库页设官之始。此次巡视西岸至孔达，东岸至雪兰，唯向北不得进，乃归南岸于楠溪置纳税所，又于西岸脱哥奔设事务所，集土人于此二处，施怀柔之政策，于是岛之南部，遂为松前藩士所领。

乾隆五十七年　即宽政四年，幕府复派属吏最上德内、常矩和田、兵太夫典恒等，至库页岛。西岸发见克苏兰，东岸发见土富士。

嘉庆六年　即享和元年，函馆奉行属吏高桥次太夫、一贯中村某，更受检察之命，西至沙耶，东至内富士，向北亦不得进而归。后如是数次，终难北进，与俄界未分，倭人忧之。而俄人检察甚力，屡发军舰至东岸测量，并要求于该岛开埠，与倭人通商。两国颇生嫌隙。

同治六年　即庆应三年，二月，于俄京圣彼得堡订两国杂居之约。

同治七年　明治维新之初，冈本监辅等极言此岛之利害，要求政府不可放弃。于是置开拓使于库页，欲据全岛为己有。派外务大丞丸山作乐开拓判官，冈本监辅等为委员，至库页与俄官谈判，俄不应。自后经多次之纷议，迄未能决。

光绪元年 即明治八年五月，两国立约，以千岛予倭人，库页全岛归俄。

光绪三十年 即明治三十七年，日俄之战。七月，倭人片冈中将率北遣舰队，进占库页岛。朴兹茅斯和约成立，划北纬五十度以南地畀倭人。

第二十二篇　结　论

第百五十九章　吉林对于全国之关系

吉林在前清二百年，本系受协饷之地。当时司农但知东南为财赋之区，京饷而外，又协边饷。东三省遂同西北甘新、西南云贵，同受他省协款。在当时部库统一，法令森严，无欠解者。光绪时，俄轨南侵，日军内逼，东三省之富源，乃传播于东西洋。于是时各省新政繁兴，协款中绝，吉省亦开行省。以地方岁入、岁出比较，诚不在中原各省之下。凡各省力能建设者，吉省必不落各省之后，今日称东北财赋之区者，政治、文化已与内地行省一致矣。人民不多，负担实较内地为重焉。

吉林地广县稀有即能分析者

九台吉林县下九台。　　福农农安县伏龙泉。　　蓝彩五常县蓝彩桥

蛟河额穆县蛟河镇。　　兰棱双城县拉林城。　　临湖密山县龙山庙

张湾德惠县张家湾。　　桦西桦甸县官街。

龙井延吉县六道沟。　　叶赫伊通县赫尔苏。

吉林省各省区联络之状况

京兆　京城人多在京货店、京果糕店。宝坻人出塞，以剃头理发为业。

直隶　乐亭一带近长城者多出塞营商，耐苦能久。天津商人多在热

闹处。

山东　富锦有山东屯，各省新屯往往多山东人。各城各埠，多占大多数，劳动家。

山西　自汇庄倒，钱业萧条，不如昔时他项营业，信用尚存。

河南　河南街为省城最繁盛地，今河南商人不多。

江苏　上海分设商务印书馆、中华书局及五洲药房。宝清境内有苏州王垦地。

浙江　旧时游幕人多。刑席最重，得官久居者多。

福建　水师营自康熙时自闽北迁林、陈大姓并至。今罐头荔枝，亦寻常物也。

广东　岭南旅馆、广华春，皆粤味。清季官多粤人也。吉林县属有广东山。

四川　程将军治江，蜀人多才并集，今三省多其旧部。

云贵　康熙平滇、黔吴藩，移其降人于各台站。

新疆　回民多仍署西域之名。

第百六十章　吉林对于世界之关系

吉林对于世界，有远跨东西两半球之关键者，其滨江乎。昔荒旷无人之境，俄轨既成，俄政府昌言，中华、日本、朝鲜，人民八百兆，商货六百兆，必将出于此途，固一世之雄耶。滨江七日至俄都，八日至德，九日至法，十日至英。此太平无事所计日程，俄乱则节节梗阻焉。滨江之繁盛，不因俄乱而稍减，华界则郁久必发，有日新月异之象。天时即以中国阳历为主，俄历渐销。地方业以收回，人民仍一律优待，特设法庭，以清诉讼，特设警察，以资保护。俄币低落，国币通行，皆天道也。

俄人凭铁路凌我者，终为我有也。

吉林可比美国新世界	内省则比于欧洲旧世界
地广人稀，农工勤奋。	地狭人稠，良民无田可耕，无工可作。
生活程度高，谋生易。	生活程度低，谋生难。
大田以井计，以方计。	小田以亩计，以石计。
新市街广阔容列车。	旧市街轿不并行。
负重租，行新政。	民力竭，改革难。

吉林对于世界之观念

俄　国势分裂，过激党仍用俄罗斯名义，而今日与我东省交涉者，则赤塔自立政府。海参崴亦曾立政府，或以为缓冲国，而各国尚未承认。波兰、芬兰、乌克兰、立陶宛、里特仑、爱沙尼亚、捷克斯拉夫，居然立国。然去我远，无直接交涉也。

英　商权发达，香港操上海金融，天津、营口随之，滨江、长春不能出其范围。汇丰汇水升降，吉林现洋立时涨落焉。亚细亚煤油，销场极广。

美　美孚煤油大王之势力，除英商外，无能争者。教堂慈善，施舍得人心。英美烟公司，两国合办，则势益固。货物如花旗布之类，销售亦盛。教会青年尤进步。

法　俄人文学浅近，借用法文。经济则为巴黎所范围，法人多干俄事之因也。

德　德国科学制造品、颜料之类，向在哈埠占大势力。今已复业，精神再振。

日本　合三岛虾夷，逼处东海，北窥库页，国人不知苦痛，遂吞琉球、割台湾，两战辽东，长春建埠，延吉、珲春日以多事。朝鲜惨灭，内徙者五十万，彼因以为利。驻俄各军，有久假不归之势。然观俄、德昔日军容，又何足畏乎，自强在我而已。

曹廷杰有关吉林舆地著述存目

东北边防辑要（光绪十一年三月）

明季三卫分建诸国考　　艮维窝集、水源合考　　卦勒察考
吉林根本说（吉林形胜、吉林险要，俄夷情形附）　　伊通州沿
革形势

西伯利东偏纪要（光绪十一年十月）

吉江二省与俄交界图说

东三省舆地图说（光绪十三年）

国初征服吉江二省各部考　　中俄东边界段说　　窝稽说

长白山说　　冷山考　　怀德县即信州考　八面城即韩州考

石碑岭说　　扶余府、黄龙府、夫余路、扶余国考　　得胜陀

碑说　　得胜陀瘗碑记　　金会宁府考　　渤海建国地方考

肃慎国考　　牡丹江考　　五国城考　　率宾国即绥芬河双

城子地方考　　穆棱河即慕棱水说　　断牛说　使犬部说

赫哲喀喇说　　贡貂诸部说　　永宁寺碑释文